Doris Lessing
Der Wind verweht unsere Worte

Doris Lessing

Der Wind
verweht unsere Worte

Bericht aus Afghanistan

Aus dem Englischen
von Elfi Brandenburger

S. Fischer/Goverts

Die englische Originalausgabe erschien 1987 unter dem Titel
»The Wind Blows Away Our Words« im Verlag Pan Books Ltd, London.
© Doris Lessing 1987
© 1987 S. Fischer Verlag GmbH, Frankfurt am Main
© Landkarte von Afghanistan FAZ/Sturm
In der deutschen Ausgabe sind die Texte »Her Long Hair Streaming
Loose« und »The Strange Case of the Western Conscience«
nicht enthalten; sie werden in eine geplante Essay-Sammlung
der Autorin bei S. Fischer aufgenommen werden.
Umschlaggestaltung: Buchholz/Hinsch/Walch
unter Verwendung eines Fotos der Bildagentur Gamma/Paris
Gesamtherstellung: Wagner GmbH, Nördlingen
Printed in Germany 1987
ISBN 3-10-043914-7

»Wir rufen euch um Hilfe an,
aber der Wind verweht unsere Worte.«

Ein Führer der Mudschahedin
Peshawar, 1986

Dem tapferen Volk von Afghanistan

Inhalt

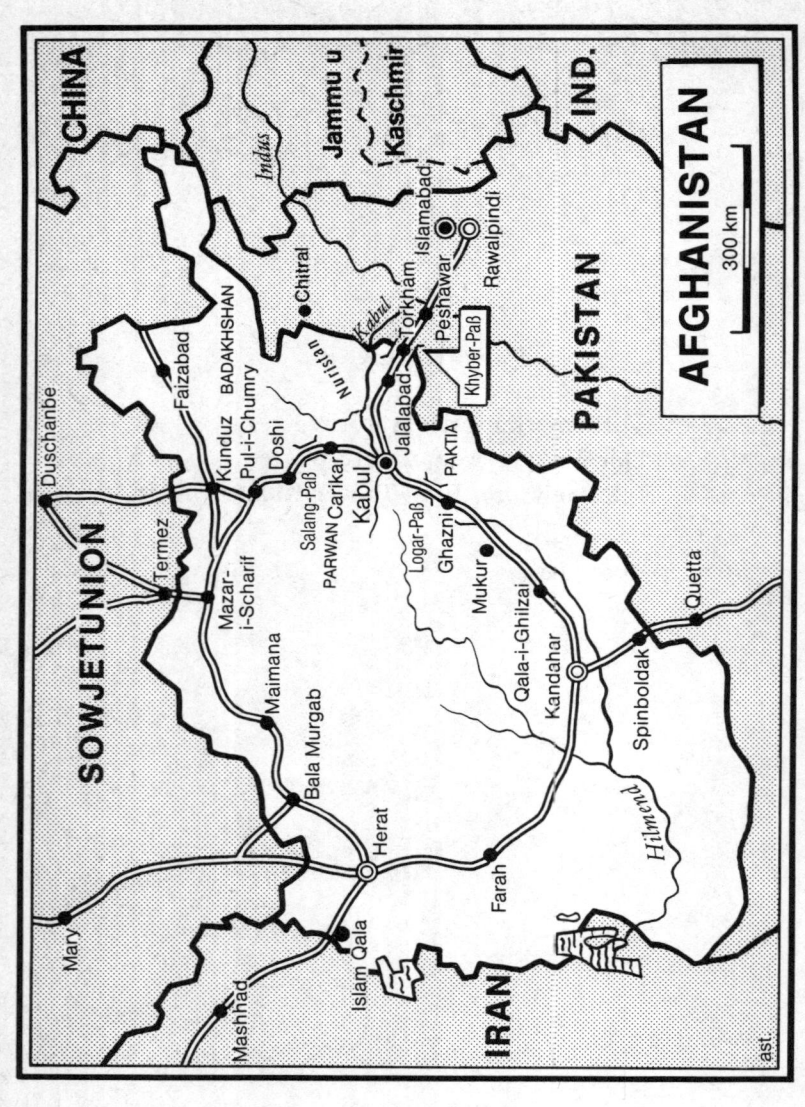

Vorbemerkung der Autorin

Seit Jahrhunderten expandiert Rußland in den Süden. Sein Ehrgeiz, Afghanistan zu erobern oder zu beeinflussen, setzte schon lang vor der Oktoberrevolution 1917 ein. »Das große Spiel« – nämlich, wer Afghanistan beherrschen sollte – wurde durch das ganze neunzehnte Jahrhundert hindurch zwischen zwei Imperien ausgetragen: Großbritannien und Rußland. Dreimal konnten die Afghanen die Engländer besiegen und zurückdrängen. Nach der Oktoberrevolution marschierten sowjetische Truppen ein und eroberten mehrere angrenzende muslimische Staaten, bis die UdSSR schließlich an die Grenzen des Iran und Afghanistans stieß. Die Afghanen sehen den Einfall in ihr Land als Teil einer lang geplanten und kontinuierlichen Expansion südwärts. Die Sowjetunion war während der Herrschaft von Zahir Schah in politische Intrigen verwickelt und auch an der Machtübernahme durch Daud sowie an dem kommunistischen Staatsstreich im Jahr 1979 beteiligt.
Es war im Jahr 1979, als der Flüchtlingsstrom aus Afgha-

nistan nach Pakistan und dem Iran einsetzte und der Widerstand gegen die Kommunisten, die man als sowjetische Marionetten sah, begann. Es war klar, daß das Marionettenregime unter Nur Mohammed Taraki nicht überleben konnte, und die Sowjetunion marschierte mit einer Truppe von 100 000 Mann ein. Der Widerstand – von den Afghanen »Dschihad« genannt, der Heilige Krieg – verstärkte sich. Ganz Afghanistan erhob sich gegen die Russen, die mit hochentwickelten Waffen zurückschlugen: MI24-Hubschraubern, MIG-Bombern, Düsenflugzeugen, Panzern, schwerer Artillerie. Die grauenerregendsten Waffen sind die Splitterbomben, die als Spielzeug oder Obst getarnt sind. Die Krankenhäuser Pakistans sind voller Kinder, deren Hände und Füße abgerissen wurden.

Der Widerstand ist nie schwächer geworden. Obwohl sie anfangs keine Waffen, außer denen, die sie von den Russen erbeuteten, hatten, hörten die Krieger des Widerstands – Mudschahedin genannt – nie auf zu kämpfen. Einigen westlichen Journalisten aber scheint daran zu liegen, immer wieder zu behaupten, daß der Krieg beendet, die Mudschahedin besiegt wären. Der Krieg dauert nun seit über sieben Jahren an, zwei Jahre länger als der Zweite Weltkrieg. Die meiste Zeit haben die Mudschahedin ohne Unterstützung von außen gekämpft, heute bekommen sie mehr Waffen, jedoch nie genug und nie soviel, wie die Westmächte, vor allem die USA, behaupten. Einige der außergewöhnlichsten Kämpfe unserer Zeit sind geführt worden zwischen modernen Panzerarmeen und Männern in Lumpen, Frauen und Kindern mit selbstgebastelten Granaten, Katapulten, Steinen, altertümlichen Gewehren – und die Afghanen haben immer wieder gewonnen. Die Afghanen haben sogar mit Handgranaten, die sie an Drachen befestigten, Hubschrauber heruntergeholt.

Schöne Landstriche Afghanistans sind zu Wüsten geworden; alte Städte, voller Kunstschätze, sind von Bomben dem Erdboden gleichgemacht worden. Jeder dritte Afghane ist inzwischen tot oder lebt im Exil oder in einem der Flüchtlingslager. Und die Welt steht dem weitgehend gleichgültig gegenüber.

Wie ein Anführer der Mudschahedin – der berühmte Abdul Haq von der Partei der Afghani – sagte: »Das einzig wirklich Schlimme für uns ist, daß wir anfangs glaubten, die ganze Welt stehe auf unserer Seite, nun wissen wir, daß wir allein sind.«

Ich habe mich seit einigen Jahren für den afghanischen Freiheitskampf eingesetzt – über die Organisation »Afghan Relief«, eine außergewöhnliche Einrichtung, da sie kein Geld für die Verwaltung oder die Verteilung ausgibt. Jeder gespendete Pfennig erreicht die Flüchtlinge. Im September 1986 reiste ich zusammen mit einigen anderen, die für »Afghan Relief« arbeiten, nach Pakistan, um die Flüchtlingslager zu besuchen.

Der Wind verweht unsere Worte

Im Büro der »Air Pakistan« setzte das Fremde ein; denn da saß ich etwa eine Stunde, um zu sehen, was es zu beobachten gab – es waren meist geordnete Gruppen pakistanischer Familien, die zum Urlaub nach Hause fuhren. Jede Familiengruppe schaffte sich einen deutlich definierten privaten Raum in dem Büro. Die Frauen schienen mir im Umgang mit ihren Ehemännern weit davon entfernt, unterdrückt zu sein. Sie befahlen: mach dies, mach das. Hinter den Schaltern waren junge Frauen und Männer, und jede der jungen Frauen war eine Schönheitskönigin. Anders als die energischen, kameradschaftlichen jungen Frauen des Westens, waren diese ganz Weiblichkeit und hatten die Angewohnheit, mit Seufzern und schmollendem oder aufbegehrendem Gesichtsausdruck in dunkle, abstrakte private Gedanken zu versinken, selbst wenn sie einem gerade das Flugticket ausstellten. Und dann waren da ihre Schleier, diese koketten Fähnchen, die immer zurechtgerückt werden mußten, rutschten und herabglitten, wieder mit trägen Bewegungen zurechtgerückt wurden.

In Heathrow hatte die Maschine zwei Stunden Verspätung, und wir lernten einander kennen, so wie man sich in einer solchen Menge kennenlernt. Die Familiengruppen bewahrten noch ihre Form, aber bloß gerade noch: Gruppen von Männern standen herum, Frauen saßen zu zweit oder zu dritt und schwatzten, riefen nach ihren Kindern, die gelangweilt waren und überall herumliefen. Wir Weißen waren zu dritt, außer mir zwei Skandinavier mittleren Alters, die für ein Hilfswerk arbeiteten: sie hatten den geduldigen Blick der oft geprüften Wohltätigkeit. Wir beäugten einander – höflich, natürlich. Ich zumindest überlegte mir, daß weiße Menschen plötzlich wie erloschen, stumpf und verblaßt aussahen in diesem Gedränge lärmender, leuchtend angezogener Menschen. Jede pakistanische Frau, egal in welchem Alter, trug einen durchsichtigen Schleier, der um ihr Haar geschlungen war, und ich beobachtete, wie ausdrucksvolle Hände mit lackierten Fingernägeln den schönen dünnen Chiffonstoff zurechtlegten, um einen genau berechneten Anteil des Halses, des Gesichts oder der Haare zu zeigen.

In der Schlange auf dem Weg ins Flugzeug erzählte mir ein ständig kicherndes pakistanisches Mädchen, daß sie mit ihrer Schwester einen Monat in Schottland verbracht habe und daß sie jeden Abend ausgegangen seien. Wohin? MacDonald's, sagte sie, und ins Kino, für sie ein exotisches Vergügnen, wie ich bald entdecken sollte. Sie wollte nicht nach Hause. Herausfordernd ohne Kopfdeckung, starrte sie die Männer an, die sie nicht beachteten.

Als das Flugzeug schließlich abhob, waren sofort alle Schuhe ausgezogen, die Schleier gelockert, und wir waren eine fliegende Karawanserei, ganz anders als, sagen wir mal, »British Airways«. Wie ich mich hätte vergnügen können, aber es passierte das, was fast immer passiert, wenn ich fliege. Als ich kürzlich nach Perth flog, wurde ich neben eine winzige alte Frau gesetzt, die in dörflichem Schwarz gekleidet war und zu der es eher gepaßt hätte, Schafe zu hüten oder einen Esel mit einem Stecken einen Bergpfad hochzutreiben. Auf ihrer Brust war eine Plakette, die verkündete, daß sie Soundso hieß und zu ihrem Neffen nach Sydney reiste und würden wir alle ihr bitte helfen. Unterschrieben vom jordanischen Roten Kreuz. Grinsend und sehr vergnügt redete sie und redete, obwohl sie wußte, daß ich kein Wort verstand. Sagte sie etwas Wichtiges? Einige Passagiere, die Arabisch sprachen, wurden herangeholt, sagten aber alle, sie spreche irgendeinen ihnen unbekannten Dialekt. Wenn sie uns sagen wollte, daß sie Schwierigkeiten hatte, war es nicht zu verstehen – wir konnten nichts für sie tun; und sie redete und redete. Als ich es nicht mehr aushielt, legte ich ihr sanft meine Hand über den Mund und schloß meine Augen. Sie blieb dann vielleicht zehn Minuten ruhig, bis sie mir lachend den Ellenbogen in die Rippen bohrte und wieder loslegte. Dies ging während der ganzen zwanzig Stunden des Fluges so weiter, über Abu Dhabi und Singapur hinaus. Abwechselnd mit mir hörte ein freundliches kanadisches Ehepaar ihr zu. War sie verrückt? Nein, überhaupt nicht, sie hatte nur großes Vergnügen daran, zu reden.

Auf dem Flug nach Pakistan hatte mir eine energische Matrone meinen Fensterplatz weggenommen, und ich wollte mich lieber nicht mit ihr anlegen. Zwischen uns saß ein winziger Greis, wahrscheinlich ihr Vater, der immer wieder einnickte. Sein Kopf kippte dabei seitwärts auf ihre Schulter, und sie schob ihn dann entschlossen in meine Richtung. Wenn sein Kopf an meiner Schulter ruhte, schob ich ihn zu ihr zurück. Wir sahen einander nie an, machten während des ganzen Fluges einfach so weiter. Wenn er wach war, unterhielt sie sich fröhlich mit ihm. Sie hatten viel zu erzählen. Manchmal wanderte seine Hand herüber auf meinen Schoß oder das Tablett mit meinem Essen, dann legte ich sie ihm wieder auf seinen Schoß.

Im Flughafen von Islamabad mußten wir am Zoll warten, weil eine Familie genügend Sachen einführte, um ein großes Haus zu möblieren. Die Frau kommandierte ihren Ehemann und ihre Söhne mit hoher gebieterischer Stimme herum. Neben mir machten die Leute von der Hilfsorganisation, die sich als Dänen herausstellten, kenntnisreiche Kommentare darüber, wieviel diese Familie dem Beamten würde zahlen müssen: sie rechnete wahrscheinlich damit, ihm einen der Fernseher zu geben, sagten sie. Dieses Ehepaar war auf dem Weg nach Gilgit, einem romantischen Ort. Aber das Wetter dort oben war schlecht, und sie würden bis morgen oder den Tag darauf warten müssen, um in die Berge zu fliegen.

Bis zum Weiterflug nach Peshawar mußte ich fünf Stunden herumbringen. Ich saß im Restaurant und beobachtete eine Kostprobe des gesellschaftlichen Lebens der Stadt, denn hier kamen die Menschen zum Flughafen, um sich zu amüsieren: es gibt nicht viele Möglichkeiten, sich im puritanischen Pakistan zu vergnügen. Während dieser Stunden gab es nur eine gemischte Gruppe: zwei junge Männer, ihre Frauen und Kinder; ansonsten nur Gruppen von Frauen und Gruppen von Männern, die getrennt saßen. Die jungen Männer waren ruhig, tranken sehr starken Tee, aßen Kuchen und plauderten. (Kam dieses Gebräu aus konzentrierter Gerbsäure, Milch und Zucker ursprünglich aus Indien, um dann von den Dienern des Raj nach England gebracht zu werden? Oder war es in England entstanden und wurde nach Indien gebracht, wo es überlebte? In England wird es immer weniger getrunken und durch Kaffee und eine Reihe schwächerer, feinerer Teesorten ersetzt.) Zweimal kamen Gruppen von alten Männern in Turbanen herein, füllten lange Tische und aßen große Mahlzeiten, wobei sie sich kaum unterhielten. Die Frauen waren in ihren Gruppen viel fröhlicher als die Männer, unterhielten sich laut und lachten. Sie kamen verschleiert herein, die untere Gesichtspartie straff verdeckt, dann fielen die Schleier herunter, wurden nicht wieder hochgezogen. Erst als die Frauen gingen, legten sie die Schleier wieder richtig an.

Ich war auf dem Weg nach Peshawar, oben im Nordwesten Pakistans, weil von hier aus die Operationen im östlichen Teil Afghanistans koordiniert werden; das Zentrum für die westliche Seite ist Quetta. Ich hatte Monate damit zugebracht, Bücher und Zeitungsartikel über Afghanistan zu lesen, in denen Peshawar – eine verführerische Stadt, ideal als Kulisse für einen Bogart-Film – eine große Rolle spielt, jedoch selten erwähnt wird, daß es nur das Zentrum für die östliche Seite Afghanistans ist. Es ist, als behaupteten die östlichen Staaten der U.S.A., ganz Amerika zu sein. Die Journalisten reisen nicht oft nach Quetta (ein trostloser kleiner Ort, wie man mir sagte), aber dies bedeutet, daß die Operationen im westlichen Teil Afghanistans selten erwähnt werden. Im übrigen muß man, um von Peshawar aus nach Afghanistan einzureisen, durch das Land der Paschtunen. Manche Journalisten scheinen zu glauben, daß die Paschtunen mit der gesamten afghanischen Bevölkerung identisch sind. Tatsächlich stellt es ein ansonsten bewunderungswürdiges Buch so dar; es ist, als würde Texas als ganz Amerika begriffen.

Ich arbeitete seit einigen Jahren für »Afghan Relief« und war eingeladen worden, hierher zu reisen und mir selbst ein Bild zu machen, um dann Artikel über die Lebensverhältnisse der Flüchtlinge zu schreiben und über die Mudschahedin, unter denen, Gerüchten zufolge, Frauen in reinen Frauengruppen kämpften. Sie hatten angeblich ihre eigene Organisation, Kampfausbildung und Versorgungswege. Ich hoffte, mit ihnen Verbindung aufnehmen zu können. Das gelang nie, und die Reise nahm einen ganz anderen Verlauf. »Sie wollen nach Peshawar?« fragte man mich. »Machen Sie sich nicht die Mühe, irgend etwas zu erwarten, weil es sowieso nicht eintreffen wird.«

20

■■■■■■■■■ Die Landschaft ist braun und staubig. Nicht wie Afrika, wenn man aus einem Flugzeug schaut und es braun und staubig von Horizont zu Horizont unter einem liegen sieht. Nicht wie Australien, ganz brauner Staub und, auf der Reise von der West- zur Ostküste, unterteilt in Rechtecke, die von Landbesitz in großem Maßstab zeugen. Auch nicht wie Texas, wo die braunen Rechtecke so riesig sind. Nichts, an das ich mich erinnern kann, ähnelt diesem hier, da jeder Zentimeter des Landes bebaut ist – eine Vielzahl winziger Terrassen, Parzellen, Äcker und Felder, die nicht rechteckig oder quadratisch sind, sondern gerundete Ränder haben oder sich mit geschwungenen Linien überlappen wie Fischschuppen oder Federn, die weich aneinander liegen. Die Muster der Kultivierung sind ein bescheidener Versuch der Menschen, das Land gegen die unaufhaltsame Erosion zu verteidigen: es wirkt, als hätten gewaltige Klauen die Erde immer wieder durchfurcht, aber die Menschen sind zurückgekehrt und haben ihre kleinen Felder über den Rinnen und Rainen angelegt. Man fliegt dreißig Minuten von Islamabad bis Peshawar, und man wünscht sich, das kleine Flugzeug würde still in der Luft stehen und einem die Möglichkeit geben, hinunterzublicken und die Details dieser Landschaft, die dem Staub abgewonnen wurde, aufzunehmen. Man sagt, daß hier noch Wälder waren, als die Armeen Alexanders des Großen durchzogen. Man sagt, im zwölften Jahrhundert habe man von Malaga bis nach Barcelona gehen können, ohne den Schatten der Bäume zu verlassen. Als ich dieses Jahr in Island war, sagte man mir, daß es dort früher Bäume gegeben habe – die kleinen zähen, gekrümmten Bäume von Island –, bis die Ziegen der eingefallenen Normannen die Erde kahlgefressen hätten. Die antike, sagenumwobene Stadt von Peshawar ist über zweitausend Jahre alt, steht in einem Reiseführer, und so muß sie einst zwischen Wäldern und Flüssen gelegen haben. Wahrscheinlich wurde diese Ebene erstmals wegen der mächtigen Flüsse besiedelt, die vom Himalaja herabflossen und sich zwischen den Feldern wanden und verzweigten. Vielleicht war diese Ebene mehrere Jahrhunderte lang voller Dörfer, die aus Schlamm an Flußufern erbaut und von Wald umgeben waren. Wir nähern uns Peshawar: Was sind das für seltsam aussehende Dörfer dort unten? Sie sind anders als die Dörfer um Islamabad: die Häuser wirken untersetzt und verwischt, als wäre ein großer Daumen über sie hinweggegangen. Später höre ich, daß dies die afghanischen Flüchtlingsdörfer sind, die gebaut wurden, indem man nasse Erde zu Wänden aufschichtete – so wie Kinder Erdhütten bauen, wie Menschen überall auf der Welt Tausende von Jahren Häuser gebaut haben. Die Not war groß, deshalb wurden die Häuser so schnell hochgezogen und sind zerbrechlich, verwundbar.

Das Flugzeug zieht einen großen Bogen über die Ebene mit dem Himalaja auf der einen Seite und der starken Abendsonne, die orangefarben durch den dichten Nebel der verschmutzten Luft scheint. Wenn man tief einfliegt, kann man oft auf dem Dach eines dieser zerbrechlichen Lehmhäuser ein Zelt oder eine Hütte mit noch mehr

Menschen erkennen, noch mehr, die vor Der Katastrophe, wie die Afghanen die sowjetische Invasion bezeichnen, geflüchtet sind.

███████████████ Peshawar schlug mir als Chaos, Lärm, Verkehr entgegen, ein baufälliger, planloser Ort; aber ein Freund, der Indien kennt, sagte, daß pakistanische Städte sauberer, reicher und gepflegter seien als indische. Es gibt kaum Bettler, keine offensichtliche Armut, keine Menschen, die auf der Straße leben. Peshawars Bevölkerung hat sich aufgrund der Flüchtlinge verdoppelt. Als sie vor sieben Jahren ins Land zu strömen begannen, gab es Pakistani, die ihre Häuser und alles, was sie hatten, mit ihnen in der Überzeugung teilten, daß dies nach den Gesetzen Gottes ihre Pflicht sei. Inzwischen gibt es wahrscheinlich dreieinhalb Millionen Flüchtlinge, zum größten Teil leben sie in der Umgebung von Peshawar.

Dies ist hier schon früher passiert. Die Geschichte der Ebene ist eine von fortwährenden Invasionen, Eroberungen, Einfällen. Peshawar lag einst in Afghanistan, wurde von dessen Herrschern benutzt als Zufluchtsort vor jedem extremen Wetter, das sie heimsuchte, ob kalt oder heiß. Peshawar gehörte auch schon den Paschtunen, die sich in ihr jetziges Gebiet hineingedrängt fühlen und sich ihres rechtmäßigen Landes beraubt glauben. Dies beunruhigt die Pakistani natürlich: frühere Eroberer sind nun ihre Gäste oder sitzen zurückgedrängt, grollend, an ihren Grenzen.

Überall in Peshawar schreiten unter freundlichen Pakistani die Mudschahedin umher, Hunderttausende von ihnen. Westliche Besucher finden, sie sähen aus wie Banditen, und sind entweder fasziniert oder abgestoßen. Sie tragen Pluderhosen – von denen eine von uns, die sie anzog, sagte, sie seien das kühlste Kleidungsstück, das man je erfunden habe: die Luft umfließt einen, während man sich bewegt. Dann das lange weite Hemd, das bis zu den Knien reicht, und eine Decke, die über die Schulter geworfen wird und als ihr Bett, ihre Decke, ihr Zelt dient. Manchmal tragen sie Westen. Ich sah eine aus gutem Tweed mit dem Etikett »Made in Britain«, das als Dekoration außen getragen wurde. Manchmal sind die Westen bestickt. Sie tragen oft nur die kleinen afghanischen Becherhüte, manchmal mit einem Turban darum geschlungen, oder die afghanischen Baskenmützen. Die Turbane sind vielfältig und erstaunlich. Wenn diese Männer nicht Kalaschnikows tragen – und in den Städten dürfen sie sie eigentlich nicht tragen –, dann ist es, als schulterten sie unsichtbare Waffen. Diese grimmigen Männer scheinen aus einem anderen Jahrhundert zu stammen, und auf irgendeine Weise tun sie es auch, aber sie sind gut informiert über das, was in der Welt geschieht. Sie haben keine Vorstellung davon, wie sie sich dem Westen gegenüber günstig darstellen können, nehmen heroische Posen ein, reden über das Märtyrertum, darüber, daß sie für ihren Glauben sterben, über das Paradies mit Maiden und schönen Knaben und Wein, und so weiter und so fort. Wenn sie photographiert werden, stellen sie sich in der Haltung von Kriegern auf. Sie tun dies, weil sie glauben, daß es das ist, was Eindruck macht. Beim gewöhnlichen Gespräch benehmen sie sich nicht so prahlerisch. Sie sind vernünftige, gar nicht fanatische Menschen – zumindest die, die ich getroffen habe. Ich sprach keine der extremen und frömmlerischen Mullahs und deren Anhänger, aber nach einigen Fernsehsendungen und einigen Artikeln zu urteilen, gibt es solche, die keine andere Sorte von Afghanen getroffen haben. Sie haben die Art von sardonischem Humor, der denjenigen eigen ist, die in schwierigen Umständen leben: schwarz, trocken und erschreckend – wie der jüdische Humor. Diese Krieger ziehen in Peshawar ein und aus, kommen von den Schlachten, die ständig im östlichen Teil Afghanistans stattfinden. Sie ruhen sich aus, werden verpflegt, geben ihren Wunden Zeit zu heilen, sie besuchen ihre Familien in den Flüchtlingslagern. Sie bringen Briefe und Botschaften. Man sieht zwei oder drei Mudschahedin oder eine Gruppe von ihnen, die sich auf der Straße treffen: sie alle umarmen und küssen sich, sie sind erleichtert, einander wiederzusehen – Kameraden, die sie zuletzt im Feld sahen oder von denen sie dort zuletzt hörten. Ihre Kameradschaft ist stark; eine Kriegskameradschaft, etwas anderes als die Kameradschaft im Islam, was eine ganz andere Sache ist. Es ist anziehend, diese Nähe von außen zu beobachten, und ich würde wetten, daß diese Männer nach dem Krieg sagen werden, es seien die besten Jahre ihres Lebens gewesen. Wenn sie überlegen, wie sie sich einem gegenüber darstellen, wird das Wort »Dschihad« in jedem Satz gebraucht. Es ist ihr Wort für den Widerstand, und es heißt nicht einfach »Heiliger Krieg«. Es ist wie die

»Résistance« in Frankreich während des Krieges. Sie alle haben vor, die Russen aus ihrem Land zu treiben; sie sagen Dinge wie: »Wir haben einhundert Jahre lang gegen die Araber gekämpft, bis sie uns schließlich besiegten, und wir werden genausolang gegen die Russen kämpfen«. Die Mudschahedin haben ein schweres Leben und oft ein kurzes. Wenn sie im Kampf schwer verwundet werden, überleben sie es nicht: da sind all die mächtigen Berge, die man überqueren muß, um die Krankenhäuser zu erreichen. Die Jungen, die in den Flüchtlingslagern aufwachsen, werden sie ersetzen. Jeder Junge, den man trifft, sehnt sich danach, mit seinem Vater loszuziehen, aber manche Anführer lassen sie nicht kämpfen, bis sie sechzehn sind. Mahsud, beispielsweise, der ständig von Jungen belagert ist, die in den Kampf wollen, schickt sie zurück zu ihren Familien. (Mahsud ist ein Kommandeur, der in Afghanistan von fast allen Mudschahedin bewundert wird, selbst wenn sie Mitglieder anderer Parteien sind. Ihm kommt in diesem Krieg wohl am ehesten die Rolle des nationalen Helden zu.)

Die Afghanen ähneln den Pakistani in keiner Weise; sie sind ein zähes Bergvolk – überlebensfähige Krieger und stolz darauf, von weniger leben zu können, als weichere Menschen benötigen. Vor Der Katastrophe verliebten sich alle Besucher Afghanistans in die Afghanen, als verliebten sie sich in ihre eigene sagenumwobene Vergangenheit – damals, als wir stolz, zäh, tapfer, unabhängig waren, und auch humorvoll und großzügig. Warum sehen die Afghanen alle so gut aus? Man könnte darauf grimmig antworten: da so viele von ihnen in ihrem ersten Jahr sterben, sehen wir das Überleben der Stärksten und Stattlichsten.

Die Pakistani sind auch schöne Menschen, aber auf eine andere Weise: unkompliziert, charmant, gutmütig ... und faul. Wenn man in einem Büro voller pakistanischer Männer sitzt (keine Frauen, natürlich), begreift man, daß es Büros geben kann, nur um Männer mit Arbeitsstellen zu versorgen. Wir saßen in einem großen schäbigen Raum mit schmutzigen Fenstern, während der Ventilator sich langsam über unseren Köpfen drehte – ich könnte schwören, diese Ventilatoren wirken hypnotisch und verlangsamen das Denken. Das Zimmer ist vollgestopft mit uralten Schreibtischen. Zwei manuelle Schreibmaschinen. (Warum nicht? Ich benutze selbst eine.) Ungefähr zehn Männer sitzen herum und tun überhaupt nichts, trinken Tee, schwatzen. Sie beobachten mit vorsichtiger Freundlichkeit diese beunruhigenden westlichen Gäste, zu denen auch drei Frauen gehören, die ihre anmaßende Kleidung tragen. (Aus unserer Sicht gaben wir uns große Mühe, bedeckten Arme und Hälse, trugen Hosen oder lange Röcke.) Wir baten um Reisegenehmigungen, eine für das Parachinar Tal, das von Afghanistan fast ganz eingeschlossen ist. Der oberste Beamte will uns keine geben. Er sagt, dort sei eine Schlacht im Gange. Ein Anführer der Mudschahedin hat uns dagegen gerade erzählt, daß es eine Schlacht gegeben habe, die aber nun vorbei sei. Als wir ihm das mitteilen, sagt der Beamte, man werde Pakistan dafür verantwortlich machen, wenn wir alle von den Russen entführt würden. Aber wir wissen, daß Journalisten unablässig nach Afghanistan ein- und ausreisen. Journalisten haben uns erzählt, daß die Straße nach Einbruch der Dämmerung eine Autobahn sei, voller Mudschahedin, Dorfbewohner, Spione aller Art, Händler, die Waren zu den Basaren von Peshawar bringen, und, natürlich, Journalisten. Es gibt in Peshawar einen Witz, daß ein unternehmungslustiger Amerikaner ein Reisebüro einrichtet, das Ausflüge mit den Mudschahedin nach Afghanistan organisiert. Die bürokratische Balgerei geht weiter und wird offensichtlich in einem anderen, wichtigeren Büro geklärt. Unterdessen reden wir mit diesen Männern. Sie wollen wissen, wo wir herkommen: Sie würden alle gerne London, Texas, Stockholm besuchen. Einer fragt, ob London in England sei. Wir machen Witze über Cowboys und Ölquellen. Sie sind sympathisch, diese Menschen, und ich könnte sie mir ewig anschauen, Männer und Frauen, so gutaussehend und gutgelaunt und elegant sind sie. Nicht daß man oft die Möglichkeit hätte, die Frauen zu sehen. Als ich wegfuhr, blieb mir am stärksten in Erinnerung, wie Gruppen von Männern herumstanden, herumsaßen, auf den Straßen bummelten, auf den Bürgersteigen, gegen Autos gelehnt, und Frauen anstarrten, uns drei. Eine ältere – ich –, eine Blondine aus Texas, die ständig von Pakistani umlagert wurde, und ein schönes Mädchen von afghanischer Abstammung, die jedoch in England aufgewachsen war. Dieser lange, harte, dunkle Blick: Wir versuchten alle, ihn zu verstehen. Was konnte er bedeuten? Feindseligkeit? Neugier? Abneigung? Es ist, als schalteten diese Männer als Menschen ab, solange sie einen anstarren. Es macht einem angst. Manchmal machen sie höhnische Bemerkungen oder lachen, aber zumeist ist es der anhaltende dunkle, ferne Blick auf den Fremden. Aber dieselben Männer werden freundlich und hilfsbereit, sobald man sich an sie wendet – werden Individuen.

Sofern man nicht Einfluß hat – und in Peshawar geht nichts ohne Einfluß, ohne Beziehungen –, werden die Eindrücke von Peshawar und dem afghanischen Widerstand oft vom Zufall bestimmt. Welche Gruppen der Mudschahedin trifft man? Es gibt unter den exilierten Afghanen sieben Parteien, die sich alle auf den Islam und den Koran gründen und ein breites Spektrum umfassen: von der Intoleranz der Fundamentalisten bis zu den liberalen modernen Ansichten der Hariqat.

Überall Journalisten, sie wären für sich schon eine faszinierende Studie. Viele sind aufgrund ihres Temperaments von diesem Ort angezogen, eine romantische, schäbige kleine Stadt, die von Waffen- und Drogenhändlern und Spionen wimmelt, von Abenteurern aller Art. Es gibt Hotels und Bars, wo Journalisten sich versammeln. KHAD-Agenten, die sich direkt hinter einen gesetzt haben, ihre Rücken zu einem gekehrt, beugen sich wie in einer komischen Oper auf ihren Stühlen zu einem herüber, sobald ein interessantes Thema angeschnitten wird; und man sagt, daß die Schelmischen unter ihnen ganze Knäuel von Fehlinformationen in Umlauf setzen, nur aus Spaß. (Der KHAD ist der Geheim-

dienst der afghanischen Marionettenregierung, ausgebildet und unterhalten von den Russen.)
Die Spione in Peshawar sind berühmt dafür, daß sie für
etliche Auftraggeber gleichzeitig arbeiten können, zwei,
drei oder mehr. Sie arbeiten für den KHAD, für die
Russen selbst, für ausländische Regierungen und die ri-
valisierenden afghanischen Parteien im Exil. Alle be-
spitzeln sich gegenseitig, man bespitzelt die Mudschahedin, die Flüchtlinge, die Journalisten und freiwilligen
Helfer.
Es gibt eine große Anzahl junger Journalisten, die hier-
hergeschickt werden, um sich die Hörner abzustoßen.
Es ist eine schmerzhafte Lehrzeit. Jedes muslemische
Land ist schwierig für einen Menschen aus dem Westen.
Wir haben sie eintausend Jahre lang bekämpft. Wir sind
voller Ignoranz und Vorurteile, und sie sind es auch. Es
ist bedauerlich, daß der Westen, vor allem Amerika, mit
den Wörtern »Islam« und »Moslem« Terrorismus assozi-
iert, oder auch den fundamentalistischen Islam, über
den wir in Verbindung mit Khomeini und Gaddafi lesen.
Dies ist nur ein Strang des Islam, und er ist in meinen
Augen nicht der wichtigste, obwohl er – leider – der
wichtigste werden könnte. Pakistan ist nicht fundamen-
talistisch wie, sagen wir, der Iran – nicht annähernd.
Islamische Länder unterscheiden sich stark voneinan-
der, und Gesetze, die gleich lauten, unterscheiden sich
in ihrer Anwendung. Nehmen wir ein Strafurteil von
fünfzig Peitschenhieben. Im Iran oder in Saudiarabien
wird dies so grausam sein, wie es klingt. In Pakistan sind
die extremen Aspekte des Islams gemildert (und werden

sich noch weiter verändern, wenn die Frömmler nicht an die Macht kommen). Der Bestrafer muß eine gepolsterte Peitsche benutzen und zugleich einen Koran unter den Oberarm klemmen: der Koran darf nicht herunterfallen, während er die Peitsche schwingt. Manche Gesetze scheinen uns absurd. Pakistan ist »trocken«. Wie vorherzusehen, heißt dies, daß heimlich getrunken wird: Menschen, die es nicht gewohnt sind zu trinken, bekommt es nicht sehr gut, und oft ist dies kein schöner Anblick. Als Ausländer darf man trinken, aber es macht keinen Spaß, wenn man Genehmigungen unterschreiben und versteckt im Hotelzimmer trinken muß. Ein Grund, weshalb Menschen aus dem Westen trinken dürfen, ist, daß man weiß, daß Wein zu unseren religiösen Bräuchen gehört: ein Freund von mir, der aus einer Hotelbar herauskam, wurde von einem Kellner, der wohl selbst gerne etwas getrunken hätte, gefragt, ob die religiöse Zeremonie zufriedenstellend gewesen sei.

Die Einstellung zu Frauen ist nicht überall gleich, aber sie verhärtet sich, wie man mir sagte. Eine gewöhnliche Frau ist wahrscheinlich zufrieden, sie ist hinreichend geschützt. Ich habe sie in einer Weise ihre Männer tyrannisieren und schikanieren gehört, die ich abstoßend fand – die Rache der Sklavin? Aber eine talentierte, ehrgeizige oder unabhängige Frau: für sie muß es die Hölle sein. Genau wie damals im viktorianischen England. Eine Journalistin, die nicht die Sprache beherrscht, sieht sich wegen der Einstellung der Männer allen möglichen Schwierigkeiten gegenüber. Ein Journalist kann die Frauen in den Flüchtlingslagern nicht treffen.

Die Journalisten kommen hierher, um die Lager und die Mudschahedin zu sehen. Die Mudschahedin gehören alle, zumindest nominell, einer der sieben Parteien an. Diese Parteien sind mit denen, die wir bei uns kennen, nicht zu vergleichen. Es ist schwer für Menschen aus dem Westen, sie zu begreifen, da sie sich auf die Religion gründen; und diese Parteien zanken sich, intrigieren untereinander und streiten sich um Fragen, die wir für unwichtig, ja, sogar für albern halten.

Die Mudschahedin sind bereit, Journalisten mithineinzunehmen; nicht weit, das stimmt, aber dies hängt mit ihren Besuchern zusammen, die sie größtenteils wegen unserer Weichlichkeit verachten. Wenn Heldentum über sieben Jahre hinweg deine wichtigste Waffe gewesen ist, dann ist Heldentum, was du am meisten schätzt. Sie erzählen verächtliche Geschichten über Filmemacher, die verlangen, Schlachten aufnehmen zu können, um dann, wenn die Schlacht beginnt, in Deckung zu springen. Ein Mudschahedin wird dann selbst die Kamera nehmen und die Szene filmen. Oder sie erzählen von Ärzten, die nicht mithalten können, die nicht mit den Minimalrationen an Lebensmitteln existieren können, die besonderes Essen und besondere Unterkunft brauchen, und angesichts schrecklicher Verletzungen in den Schlachten in Ohnmacht gefallen sein sollen. Aus diesem Grund, der Weichlichkeit der Ärzte, ziehen es die Mudschahedin vor, wenn freundlich gesinnte Länder Ärzteteams bereitstellen, die ausgewählten Mudschahedin grundlegende medizinische Kenntnisse vermitteln, so daß diese sich Gruppen von Kämpfern anschließen können, die nach Afghanistan hineingehen. Sie beklagen sich, daß Journalisten Angebote ablehnen, nach Kabul, Mazar-i-Scharif und in die befreiten Gebiete zu reisen, statt dessen wollen sie immer nahe an der Grenze hinein, beispielsweise nach Kandahar oder ins Gebiet der Paschtunen. Wie ein Anführer sagte: »Wenn man zum Urlaub nach Bahrain fährt, warum nicht nach Kabul? Wir haben die Stadt unter Kontrolle.« Ja, sie sind ein pompöser Haufen, aber sie brechen einem das Herz, sie sind so tapfer und haben so wenig: selbst jetzt haben sie die meisten ihrer Waffen von den Russen erbeutet.

»Bist du *drin* gewesen?« hört man im Green's Hotel oder Dean's Hotel einen atemlosen Neuling den anderen fragen. Man könnte denken, beide dieser Hotels seien als Kulissen für Mantel-und-Degen-Dramen gebaut worden. Ich würde sagen, daß eine Reise in das Land der Paschtunen (auch Pathanen genannt), die gewöhnlich vier bis fünf Tage dauert, nicht unbedingt die beste Art ist, genaue und unvoreingenommene Informationen einzuholen: man wird nur die Ansichten der Gruppe hören, die einen hineinführt. Man wird überhaupt nicht hineinkommen, wenn keine der Gruppen einen gerne genug mag. Eine gewisse frustrierte Journalistin rief vor kurzem aus, sie gehe jetzt nach Delhi, das sei der einzige Ort, wo man echte Informationen bekomme! Einen Tag, nachdem wir eine hochgestellte Persönlichkeit aus einer der Parteien erklären hörten, er würde jedem Journalisten mit ernsthaftem Anliegen gerne behilflich sein, erschien ein Artikel in der *Pakistan Time*, in dem es hieß, die Mudschahedin seien es müde, so viele Journalisten bei einem so hohen Risiko für sich selbst hineinzubegleiten, da so wenig dabei herauskomme. Nicht sehr einfach zu verstehen, dies alles, und gewisse Informationen sind für die meisten ganz außer Reichweite.

In unserer Gruppe befand sich ein Afghane aus Paghman, dessen Verwandte und Freunde bei den Mudschahedin kämpften oder für »Afghan Relief« arbeiteten. Dann ein afghanisches Mädchen, das in England aufgewachsen war: sie studiert Journalismus in Peshawar und spricht Farsi, Arabisch, etwas Urdu. Ein schwedischer Filmemacher, Leon Flamholc: seine Vorfahren stammen aus Usbekistan – und in der Kleidung eines Mudschahedin verwandelt er sich in einen Mudschahedin. Er spricht Farsi. Er war auf einer früheren Reise nach Peshawar »drinnen« gewesen und hatte einen Film zur Hälfte fertiggestellt. Eine Filmemacherin aus Texas, Nancy Shiels, war auf ihrer dritten Reise, ebenfalls mit einem halbfertigen Film. Und dann noch ich. Ich hatte schon seit einigen Jahren mit Afghanen zu tun, war aber noch nie in Pakistan gewesen. (Ich wurde in Persien geboren und habe dort bis zu meinem fünften Lebensjahr gewohnt. Ja, alle möglichen Gerüche und Geräusche kehrten zurück.)

Sobald man in Peshawar ankommt, wird man von Afghanistan eingehüllt – von der Ungeheuerlichkeit seines Schicksals, von dem Grauen und der Trauer. Von früh morgens bis spät am Abend ist dies das Thema, worüber man spricht, worüber man nachdenkt – in meinem Fall, wovon man träumt. Jeder Afghane, den man trifft, Mudschahedin oder Flüchtling, verkörpert eine weitere tragische Geschichte. Jeder ist ein Aufruf: Helft uns! Helft uns! Wir im Westen sind schlecht informiert, sagen sie, sonst würden wir ihnen helfen. Dies scheint eine der kleinen Ironien zu sein, die dazu versuchen, an Götter zu glauben, die immer noch irgendwo da oben sitzen und uns auslachen. Seit dem Beginn dieses Krieges haben die Russen behauptet und glauben es vielleicht sogar, daß der Westen, vor allem Amerika, den Widerstand in Afghanistan finanziere. Russischen Soldaten wird gesagt, daß sie gegen amerikanische Imperialisten kämpfen werden (sogar gegen zionistische amerikanische Imperialisten – eine schöne Variante), gegen die Chinesen und die Banditen des internationalen Kapitals. Sie stoßen auf barfüßige Männer, die in Lumpen gekleidet sind und von ihnen gestohlene Kalaschnikows tragen. Manche desertieren deswegen, aber »meßt dem keine allzu große Bedeutung bei«, sagt ein Anführer der Mudschahedin, »vielleicht ist ein Prozent darüber so verstört, daß sie zu uns überlaufen; der Rest ist ganz der sowjetischen Meinung, und ihnen ist beigebracht worden, uns als Tiere zu betrachten, die man zur Strecke bringen und töten muß.« Sieben Jahre nachdem der Krieg begonnen hat, rauben die Mudschahedin immer noch die meisten ihrer Waffen von den Russen. Als die U.S.A. zuerst bestritten, daß sie den Widerstand unterstützten, taten sie es in einer Weise, sagen die Mudschahedin, daß es so klang, als schickten sie in Wirklichkeit Hilfe, müßten es aber dementieren. Inzwischen sagen die Mudschahedin, ja, Hilfe wird geschickt, aber was geschieht damit? Sie erhalten sehr wenig von dem, was geschickt wird. Es ist das Hauptthema jeder Unterhaltung mit einem Mudschahedin-Kommandeur. Ich hatte davon gelesen und erwartete nichts anderes. »Wir kämpfen genauso für euch wie für uns selbst«, sagen sie. »Die Russen wollen, was sie immer gewollt haben: Zugang zu Warmwasserhäfen, und sie wollen das, was jetzt Pakistan ist. Warum helft ihr uns nicht? Es ist in eurem eigenen Interesse.«

Ein Thema zieht sich hartnäckig durch jede Unterhaltung: »Von Anfang an hat der Westen das Ausmaß des Widerstands unterschätzt. Seit sieben Jahren lesen wir nun schon – und oft von euren führenden Journalisten –, daß wir am Ende sind, daß wir aufgegeben haben. Das hat noch nie gestimmt. Ihr beschreibt uns, als nähmen wir die Herrschaft der Russen passiv hin, als machten wir ab und zu ein paar kleine Überfälle, aber ihr beschreibt uns nicht, wie wir in Wirklichkeit sind: eine Nation im fortwährenden Kriegszustand; ein Kriegszustand, der jeden erfaßt hat. Wollen Sie das mit eigenen Augen sehen?« Den ganzen Morgen saßen wir im Hauptquartier einer bestimmten politischen Partei, während die Mudschahedin-Kommandeure aus ganz Ostafghanistan von Norden bis Süden jeweils zu dritt hereinkamen, sich eine Weile niedersetzten, Fragen beantworteten und dann Platz für die Folgenden machten. Sie kamen aus Paghman und dem Parachinar; aus Baghlan und Bagram, aus Kabul und Paktia; da waren Turkmenen mit ihren chinesischen Kriegsherrengesichtern aus Mazar-i-Scharif und Badakhshan; Leute aus Nuristan, die manchmal eine überraschende Ähnlichkeit mit Menschen aus Schottland oder Kent haben. Die Nuristani behaupten, von den Heeren Alexanders des Großen abzustammen, aber die gingen über ganz Afghanistan hinweg, wie auch die Scharen der Mongolen oder der Araber. Die Briten, die letzten Invasoren, kamen nicht sehr weit; sie wurden von den Kriegern des Landes dreimal geschlagen. (Geschichte: Drei Männer unterhalten sich. »Meine Vorfahren waren Mongolen, deine Araber, die Afghanen kämpften gegen uns, und nun kämpfen wir alle zusammen wie Brüder bis zum Tod gegen die Russen.«) Einer der Kommandeure, der gerade von den Kämpfen in der Gegend von Mazir-i-Scharif kommt, ist hier, um sich neue Munition zu besorgen. »Es war eine große Schlacht, Düsenjäger, Hubschrauber. Sie kommen von jenseits der Grenze und flüchten dann über sie zurück. Sie kämpfen wie Feiglinge, sie bombardieren uns aus großer Höhe. Sie haben alles Getreide verbrannt, sie haben gewartet, bis es reif war, weil sie die Unterstützung und den Nachschub, den wir aus dem Volk bekommen, zerstören wollen. Wir brauchen einen Monat, um eine Lieferung Waffen und Nahrung von Peshawar zum Oxus zu bringen, überall müssen wir auf die russischen ›Spielsachen‹ achten – Bomben, die wie Uhren oder Füllfederhalter oder das Spielzeug kleiner Kinder aussehen. Sie werfen sie über den Pfaden ab, die wir benutzen.« Die Kliniken in den Lagern sind voller Kinder, denen ein Arm, eine Hand, Füße, Beine fehlen, weil sie diesen Spielsachen nicht widerstehen konnten. Ein anderer Kommandeur aus dem äußersten Norden berichtet, wie er und seine Truppe die Pipelines mit Kerosin, Öl und Gas unterbrachen. »Wir zerstören sie immer wieder, die Russen können sie nicht schützen, sie können sie nur während des Tages bewachen, denn wir beherrschen die Nacht.«

Wir sagen: »Wir sind Reporter aus Amerika und England, gibt es etwas, das wir dem Westen vermitteln sollen?«

»Wo sind die Waffen? Wir haben sogar schon mit Äxten gekämpft.« (Wir dachten, das wäre eine Übertreibung. Man sagt den Mudschahedin nach, sie hätten die Gabe poetischer Übertreibung – man sagt, man müsse, was sie erzählen, mit einiger Vorsicht aufnehmen, aber später wurde dieses Detail von jemand anderem bestätigt, der an dieser Schlacht teilgenommen hatte.) »Wir haben nichts zu essen, wir kauen Wolle und Leder. Dadurch werden wir schwach und müssen Kämpfe abbrechen und uns zurückziehen, auch wenn wir gewinnen.«

Ein anderer Führer aus dem Norden berichtet, daß sie ihre Familien zusammen mit den Pferden und Eseln in Höhlen in den Bergen versteckt haben. Ihre Dörfer wurden dem Erdboden gleichgemacht, nichts ist von ihnen geblieben, die Bewässerungssysteme sind zerstört. Auf jeden Kämpfer kommen fünf Familienangehörige, abwechselnd gehen sie an die Front, immer in einer Truppenstärke von etwa einhundert Mann. »Wir haben keine Medikamente, keinen Arzt, nichts zu essen. Ja, wir holen uns einiges von den Russen, aber häufig kennen wir die russischen Medikamente nicht, Mittel und Spritzen, die wir nie gesehen haben, wir können sie nicht anwenden.«

Ein Kommandeur aus Kabul sagt: »Wir haben zwei Organisationen, eine in Kabul und eine außerhalb. Jeder in Kabul ist auf unserer Seite, und deshalb können die Russen uns nicht fassen. Die Frauen helfen uns, sogar die Kinder. Wir haben Leute im Geheimdienst, so viele, daß die Russen sie nie alle finden können; und von ihnen hören wir, wann Angriffe zu erwarten sind, und auch deshalb siegen wir. Die Russen können sich nicht weiter als fünf Meilen aus Kabul herauswagen.«

Und immer wieder, den ganzen langen Morgen hindurch, von all den Führern: es ist der Hunger, der die Mudschahedin zerstört. »Wir haben nichts zu essen, wir haben keine warme Kleidung, keine Stiefel, nur Sandalen. Wir verlieren Hände und Füße durch Frost. In einigen Gegenden verhungern die Menschen bereits, und es ist erst Herbst, der ganze Winter kommt noch. Schickt uns Nahrung, schickt uns warme Kleidung. Wenn ihr uns Boden-Luft-Raketen schickt, würden wir die Russen schlagen. Warum tut ihr es nicht?«

Und immer wieder: »Der Westen sagt, wir sind uns nicht einig, nur weil wir die Dinge mit unseren Augen sehen. Ihr sucht immer nach einem einzigen Kommando in ganz Afghanistan, deshalb baut ihr Mahsud oder Hakkani oder sonst jemanden auf, hofft, daß einer von diesen Leuten ein nationaler Führer wird, aber das ist nicht die Art der Afghanen. Wir haben lokale Führer, sie respektieren einander und arbeiten zusammen, aber es ist sehr unwahrscheinlich, daß einer von ihnen sich zu einem nationalen Führer entwickeln wird.«

All diese Argumente wurden in einem Interview mit

einem hochgestellten Militär in einer der Parteien bestätigt. Er ließ sich weder fotografieren noch filmen oder aufnehmen. Er sagte, er sei nur einer von vielen, die verdeckt in der afghanischen Armee arbeiteten und die sie verließen, als es zu gefährlich wurde, um nach Peshawar zu kommen und bei der Koordination der Kämpfe der Mudschahedin zu helfen. Wir litten zu der Zeit ein wenig unter einer Überdosis an moslemischer Frömmigkeit und waren sehr erleichtert, als er sagte: »Ich bin ein Soldat, kein religiöser Mensch. Hier ist das operative Hauptquartier dieser Partei, und ich bin einer der Leute, die es leiten. Die Männer auf der Bank da drüben mögen Ihnen nicht wie hochrangige Kommandeure erscheinen, aber keiner von uns trägt Uniform.« Ein Dutzend Männer in der Kleidung der Mudschahedin saß da und beobachtete uns. »Sie sind keine Mitglieder einer bestimmten Partei, und vielleicht wollen Sie daraus Ihre Schlüsse ziehen. Ich werde alle Ihre Fragen beantworten, und Sie werden von mir nichts als die Wahrheit hören, aber Journalisten richten viel Schaden an, weil nur wenige von ihnen erkennen, welch großen Nutzen der Feind aus irgendeinem unwichtig scheinenden Detail ziehen kann. Sie sind in geheimdienstlicher Arbeit nicht ausgebildet, aber ich bin es. Ich werfe Ihnen das natürlich nicht vor, aber ich werde unsere Interessen bei unserem Gespräch schützen.

Der wichtigste Punkt, der Schlüssel zu allem, ist die Tatsache, daß der Krieg, was immer Sie auch gehört haben mögen, in aller Intensität weitergeht. Und er geht nicht schlecht, wie eure Zeitungen manchmal behaupten. Wir werden nicht aufhören zu kämpfen, wir werden bis zum Sieg kämpfen, bis die Russen das Land verlassen oder bis sie uns alle umgebracht haben. Dies ist die grundlegende und bedeutende Tatsache. Niemand von euch im Westen scheint eine Vorstellung von der Breite des Widerstands zu haben; jedes Haus, jedes Dorf hat Anteil daran. Wenn eine Gegend für eine Weile ruhig ist, so heißt das nicht, daß sie unterworfen wäre, sie wartet nur, vielleicht wegen des Wetters.«

Wir fragten nach der Koordination zwischen den verschiedenen Gegenden Afghanistans, zwischen den verschiedenen Parteien.

»Da gibt es zwei Aspekte, zuerst den militärischen: Es gibt Teile von Afghanistan, wo ein Führer Männer aus allen unterschiedlichen politischen Parteien unter seinem Kommando vereinigt, und das ist schon seit dem Beginn des Krieges so gewesen. In anderen Teilen des Landes kämpfen die Mudschahedin gegeneinander, und dann gibt es alle möglichen Schattierungen zwischen diesen Extremen. Aber sogar die engstirnigsten und fanatischsten Mudschahedin haben inzwischen begriffen, daß sie zusammenarbeiten müssen, wenn sie siegen wollen. Es gibt angesehene Führer, von denen Sie sicher gehört haben, und sie arbeiten zusammen. Ebenso wichtig ist der politische Aspekt; die sieben Parteien stehen unter Druck von zwei Seiten: Druck von außen, wenn zum Beispiel Hilfe nur unter der Bedingung gegeben wird, daß die Parteien in einer bestimmten Sache zusammenarbeiten; und, was vielleicht noch wichtiger ist, Druck von innen. Die Mudschahedin sind die ideologischen Streitereien müde. Es gibt noch einen dritten Aspekt, den ich kaum zu erwähnen brauche, denn dieses Problem gibt es überall und in jedem Land. Es ist das Problem persönlicher Auseinandersetzungen, das in unserem Fall durch die großen ideologischen Unterschiede verschärft wird. In diesem Kampf ist nichts leicht, und die Frage der Ideologie ist vielleicht die schwierigste. Die Leute, die ihr im Westen Fundamentalisten nennt, sind die ideologischsten, aber sie sind zugleich die besten Kämpfer, sie begannen den Kampf vor jeder anderen Gruppe. Sie haben Verbündete und Anhänger in der ganzen islamischen Welt, und das mag auf lange Sicht Probleme für uns alle heraufbeschwören. Ich bin sicher, daß Sie Diskussionen über dieses Problem während Ihres Aufenthaltes hier schon gehört haben, denn es beschäftigt uns alle. Die andere Hauptgruppe von Kämpfern ist ebenso groß, aber weniger einheitlich. Sie wollen zurück zu dem Afghanistan vor Der Katastrophe, einem Afghanistan, in dem Unterschiede islamischer Auffassung friedlich nebeneinander existierten. Diese Art von Toleranz ist den Fundamentalisten fremd. Es ist interessant, daß es innerhalb der fundamentalistischen Gruppen mehr Zusammenstöße gibt als in irgendeiner anderen Gruppe. Die Probleme, die aus persönlichen Rivalitäten entstehen, gibt es natürlich in jeder Gruppe.«

»Würden Sie uns vielleicht einen Überblick über den Stand des Krieges vermitteln?«

»Das kann ich natürlich nicht voll beantworten, Sie erwarten das sicher auch gar nicht. Einmal wäre es zu kompliziert, so etwas zu versuchen. Ich bin vom ersten Tag an in diesen Kampf in irgendeiner Weise verwickelt gewesen. Ich könnte mehr als ein Buch über seine komplizierte und schwierige Geschichte schreiben. Ich kann Ihnen heute sagen, daß es drei Hauptkampfgebiete gibt: Herat, Kabul und Kandahar, aber das wird nächste Woche schon nicht mehr stimmen. Dann wird es wieder neue Kampfgebiete geben. Der Druck des Feindes hat im letzten Jahr um das Fünffache zugenommen, es gibt mehr Soldaten, mehr hochentwickelte Waffen, die Russen arbeiten mit einer besseren Taktik und einer noch viel größeren Rücksichtslosigkeit. Die Opfer und die Materialverluste auf ihrer Seite sind größer denn je, und auch bei uns gibt es viel Leid und viele Gefallene. Man hat Ihnen gesagt, daß 80% Afghanistans von den Mudschahedin und 20% von den Russen kontrolliert werden. Aus einem Gesichtspunkt ist das richtig, aber aus militärischer Perspektive ist es sinnvoller, so zu denken: 100% von Afghanistan wird von uns kontrolliert und 100% von den Russen. Wer schlägt als nächster und wo zu? Die Russen können keineswegs tun, was sie wollen, auch nicht in den Städten, von denen sie behaupten, sie kontrollierten sie. Sie wissen nie, was als nächstes in die Luft fliegt. Sie können sich auf den Hauptstraßen nicht frei bewegen; die Hauptstraßen sind gefährlich für sie, und auch wir können sie nicht benutzen, wir aber können in jedem Terrain operieren, und das können sie nicht. Wir kontrollieren die befreiten Gebiete, aber die Russen schicken ihre Bomber und zerstören ein Dorf, wenn ihnen etwas daran nicht gefällt. Sie vernichten unser Getreide und töten unser Vieh. Diese Politik, unsere Nahrungsmittel zu vernichten, intensivieren sie gerade. Während wir hier sitzen, strömen Flüchtlinge aus bombardierten Gegenden, weil die Bewässerungsanlagen bewußt zerstört wurden und die Ernte verbrannt. Vielleicht verstehen Sie jetzt, weshalb ich sagte, daß wir beide Afghanistan kontrollieren. Es werden mehr befestigte Stützpunkte als in den letzten drei oder vier Jahren gebaut, aber die meisten von ihnen sind von uns umzingelt, zerstört oder nutzlos gemacht worden. Moral? Ihre Moral ist niedrig, weil der Krieg ohne Ergebnis immer weitergeht, und auch unsere Moral ist gesunken. Wir kämpfen nun schon seit sieben Jahren, und wir sind müde, und wir haben das Gefühl, daß ihr uns nicht helft. Sie haben natürlich diese Behauptung der Mudschahedin, daß sie für euch kämpfen, schon gehört; dies ist etwas, an das wir wirklich glauben, einer der Gründe, warum wir kämpfen. Es ist extrem schwierig für uns, unsere Vorräte aufzufüllen, es ist schwierig, unsere Männer auszurüsten und sie zu ernähren. Im letzten Winter haben wir die Kämpfe nicht eingestellt, sondern weitergemacht, und das hat uns große Verluste gebracht. Unsere Männer kämpfen in Sandalen in tiefem Schnee, sie kämpfen in Sommerkleidung, sie kämpfen mit kleinen Notrationen, bis auch die ausgehen. In diesem Land, in Pakistan, will man nicht noch mehr Flüchtlinge aufnehmen. Wir schulden Pakistan sehr viel, sie haben Mitleid mit uns, sie helfen uns, soweit sie können, wir sind dankbar. Aber wenn jetzt Flüchtlingszüge nach neuen Bombardierungen der Dörfer hereinkommen, sterben die Menschen manchmal, weil sie zu lange gehungert und gedurstet haben. Wir haben manchmal mehr Waffen, als wir brauchen, weil wir sie nicht transportieren können.« (Wir hatten gerade von einem Kommandeur gehört, der in der Nähe von Kabul Panzer und schwere Waffen erbeutet hatte, sie aber an Ort und Stelle zerstören mußte, weil er keine Möglichkeit sah, sie mitzuführen.) »Von einer Art Waffen haben wir zu viele, von der anderen zuwenig. Wie Sie schon von jedem Mudschahedin gehört haben, den Sie trafen: wir brauchen Boden-Luft-Raketen, wir brauchen Geld, um zu kaufen, was *wir* für notwendig halten, nicht was andere Leute uns aufdrängen wollen. Wir brauchen Lebensmittel, wir brauchen Medikamente, und wir brauchen diese Dinge schnell, denn der Winter kommt. Ist Ihnen schon gesagt worden, daß früher die Bauern den Mudschahedin Lebensmittel gaben, daß nun aber die Mudschahedin den Bauern oft von dem wenigen geben, das sie haben, weil die Menschen hungern?

Die Amerikaner – wir sind dankbar für das, was sie gegeben haben und was sie noch geben. Wir lesen immer wieder über die gewaltigen Summen, die uns zugedacht sind, aber was geschieht mit dem Geld und den Lieferungen? Die Amerikaner haben uns ihre Unterstützung in unserem Kampf zugesagt, und wir müssen glauben, daß sie es ernst meinen, aber wäre es nicht in ihrem Interesse ebenso wie in unserem, herauszufinden, wo das Geld und die Lieferungen hingehen? Sie schikken es, wir bekommen es nicht. In der Mitte zwischen uns muß es ein großes Loch geben, das die meisten der

Dinge verschluckt. Wieder und wieder lesen wir in Ihren Zeitungen, daß diese oder jene Waffen an uns abgegangen sind – aber wenn das so ist, so bekommen wir sie nie zu Gesicht. Ganz allgemein gesprochen, scheinen die Amerikaner nicht zu verstehen, daß Krieg eine Verbindung von Militär und Politik sein muß; wir erfüllen unser Teil, und wir machen es gut, aber wir haben das Gefühl, daß wir nicht ausreichend unterstützt werden.«

Wir fragten: »Glauben Sie an einen Abzug der Russen?«

»Sie wissen natürlich, daß die Russen noch nie irgendein Land freiwillig geräumt haben. Wenn ich Gorbatschow wäre, fiele es mir nicht leicht, einen Abzug nach so vielen Opfern und so viel Blutvergießen und so viel Propaganda zu rechtfertigen, aber wenn sich ein Weg finden ließe, würden sie abziehen. Sie wollen abziehen. Gleichgültig, was sie sagen, sie wissen, daß wir nie aufhören werden zu kämpfen. Ich habe jahrelang mit den Russen gearbeitet, ich kenne sie gut. Als Soldat bewundere ich ihre Widerstandskraft im Zweiten Weltkrieg; sie sind keine guten Kämpfer, aber sie waren gute Verteidiger ihrer Heimat. Von den Eigenschaften eines guten Soldaten besitzen sie nicht viel, sie schießen schlecht, sie sind körperlich zu schwer, sie trinken zuviel, sie können nicht klettern, in den Bergen sind sie hilflos, sie haben wenig Ausdauer, ohne ihre Ausrüstung, ihre Wagen, ihre Flugzeuge sind sie verloren. Wir können auch ohne diese Dinge auskommen. Mann gegen Mann, Russe gegen Afghanen, können sie nichts ausrichten, aber sie schicken drei oder vier gegen je einen von uns in den Kampf, sie bombardieren uns aus so großer Höhe, daß wir nicht an sie herankommen.

Wenn sie versuchen, Afghanen gegen Afghanen einzusetzen, hat das wenig Erfolg. Sie verstehen uns nicht, sie verstehen unsere Art der Unabhängigkeit nicht – wenn Sie so wollen, unsere Anarchie –, die unsere Stärke ist. Die Art von Druck, die sie auf die reguläre afghanische Armee ausüben, macht es dieser Armee unmöglich, ihre afghanischen Kampftugenden auszuspielen; sie erlauben der afghanischen Armee nicht die geringste Initiative. Auch glauben wir, daß die afghanische Armee aus schlechten Kämpfern besteht, weil sie den Kampf nicht mit ihrem Gewissen vereinbaren können. Es kommt immer der Punkt, an dem ein großer Plan einfach zusammenfällt, fehlschlägt, auseinanderbricht.« (An diesem Punkt entwickelte sich ein kleines Streitgespräch zwischen einem Mann auf einem der Bänke und einem anderen darüber, wie viele Soldaten in der regulären Armee wirklich mit ihrer Aufgabe einverstanden seien. »Im äußersten Fall vierzigtausend im ganzen Land«, sagte der eine. Der andere sagte: »Höchstens fünftausend. Wenn es mehr wären, würden sie mehr schaffen, sie sind nutzlos.«) »Die Russen haben einen gewissen Wesenszug, der gegen sie arbeitet; wenn etwas schlecht läuft, ändern sie ihre Taktik nicht, versuchen nichts Neues, sie verstärken einfach nur, was sie vorher taten. Dadurch zerstören sie oft das eigene Ziel, sie sind starr und unflexibel, sie können nicht zuhören, sie sind störrisch und lassen sich von ihrem Weg nicht abbringen.

Wenn sie subtiler wären, hätten sie andererseits längst eine Art gefunden, sich ohne Gesichtsverlust aus diesem Krieg zurückzuziehen. Und sie wählen schwache Menschen als Führer aus. Auf längere Sicht wirkt sich das immer zu ihrem Nachteil aus. Ich kenne Hajib gut, er ist nichts, ein schwacher Mann, wie soll er ein Land führen können? Er ist nicht intelligent, kein Afghane könnte ihn je respektieren. Um Afghanistan zu verstehen, müssen Sie sich immer vor Augen halten, daß die Afghanen das unabhängigste Volk der Erde sind. Wenn ich sage, daß jeder von ihnen der geborene Anführer ist und nie ein guter Gefolgsmann sein kann, liegt darin eine gewisse Ironie, denn ich bin einer der Führer und versuche, ihre Anstrengungen zusammenzufassen und zu koordinieren.

Sie werden, da bin ich sicher, mehr als genug über den Heiligen Krieg, über den Dschihad, gehört haben. Aber in meinen Augen ist der Dschihad ein zu einfaches Konzept; es wird so gebraucht, wie der Westen es versteht. Der Afghane kämpft zuallererst für sich selbst, für seine Familie, sein Dorf, seine eigenen Leute. Er kämpft für eine Kombination dieser Motive, und er kämpft für seine Religion. Wenn Sie das Wort Dschihad hören, und Sie hören es sicher tausendmal am Tag, denken Sie bitte daran, wie komplex er ist, dieser Heilige Krieg.«

Wir fragten, ob es für die Mudschahedin schwierig sein würde, den Kampf einzustellen und den Frieden zu akzeptieren. »Ja, sehr schwer; sie sind geborene Krieger. Wenn dieser Krieg vorüber ist, wird es eine Zeit geben, in der offene Rechnungen zwischen einzelnen und zwischen Stämmen ausgetragen werden. Der Krieg wird nur allmählich aufhören, aber es gibt einen afghanischen Charakterzug, den Sie nicht vergessen dürfen: wenn wir eine Regierung unterstützen, versprechen wir damit auch Gehorsam. Eine zukünftige Regierung muß große Unterschiede der religiösen und politischen Haltung tolerieren, aber zwischen der Zeit vor dem Krieg und der Zeit danach wird es einen großen Unterschied geben: vor der russischen Invasion mag es ein paar hundert Kommunisten gegeben haben; wenn die Russen gehen, wird es keinen mehr geben.«

Wir fragten ihn nach der Haltung seiner Seite gegenüber der Presse. »Jede Woche oder alle zehn Tage stelle ich einen strategischen Bericht zusammen, der auf Informationen aus ganz Afghanistan basiert, denn wir haben Leute in allen Teilen des Landes, und wir bekommen genaue Nachrichten. Ich verschicke diesen Bericht; wir sehen niemals ein Wort davon in Ihrer Presse. Einige von uns meinen, daß wir uns zu sehr bemühen, Journalisten nach Afghanistan einzuschleusen und ihnen Informationen zu verschaffen, ohne daß dabei viel herauskommt. Ich persönlich glaube, daß wir viel mehr Publizität brauchen und daß wir uns noch mehr bemühen sollten, damit gute Filme gemacht werden und gute Berichte in den Zeitungen erscheinen. Vor allem brauchen wir mehr fähige Journalisten, die nach Afghanistan hineingehen, nicht nur in die Nähe von Peshawar, wohin sie beinahe alle gehen; sie müssen ins ganze Land hinein, und wir sind bereit, sie dorthin zu bringen.«

»Was halten Sie von dem französischen Journalisten,

der einen Stützpunkt der Mudschahedin so gut beschrieb, daß die Russen ihn bombardierten, sobald der Bericht erschienen war?«

»Das war gewiß unglücklich, er war nachlässig, wie es die Journalisten oft sind, aber auf längere Sicht ist es die Sache wert. Wenn Ihre Leute zu Hause besser informiert wären, ginge es uns allen besser.«

Die Argumente, die dieser Kommandeur vortrug, wurden in anderen Interviews bestätigt. Zum Beispiel:

Frage: »Sie sagen, in Afghanistan stehen mehr russische Truppen, nicht weniger, auch wenn die Russen das Gegenteil behaupten?«

Antwort: »Haben Sie noch nie von der berühmten russischen Desinformation gehört?«

Ein anderer Kommandeur: »Ich habe gerade gehört, daß in Südafrika eine Bombe explodiert ist und neun Menschen getötet hat. Ich komme aus einer Schlacht, in der wir einen Hubschrauber abgeschossen, sechs Panzer ausgeschaltet und bei eigenen Verlusten von sechs Mudschahedin dreißig Russen getötet haben, aber das wird in Ihren Zeitungen nie erscheinen. Wäre es vielleicht besser, wenn ich ein schwarzes Gesicht hätte?«

Ein Mudschahedin, der auf dem Weg zurück nach Kabul war, sagte: »Kennen Sie nicht eine Tablette, die Hunger stillt? Hunger ist unser schlimmster Feind.«

Mit der praktischen Einstellung einer Hausfrau frage ich: »Warum baut Ihr nicht eine kleine Fabrik, die Nahrungskonzentrat herstellt, das die Mudschahedin im Kampf mitführen könnten?«

»Wir sind Krieger, das ist alles, was wir können.«

»Napoleon hat gesagt, daß eine Armee mit dem Magen marschiert.«

»Wenn wir mit dem Magen marschierten, wäre der Krieg längst vorbei. Ich und meine Männer kommen gerade aus dem Kampf. Zwanzig Tage lang haben wir gekämpft, wir hatten nichts mehr zu essen und mußten uns die Mägen mit Gras füllen.«

»Ja, ja, ja, wir wissen das, aber wenn ihr eine kleine Fabrik baut, nein, vielleicht eine Reihe von kleinen Manufakturen hier in Peshawar oder irgendwo in den Berghöhlen und Konzentrat produziert, das leicht zu tragen ist . . .«

»Wer sollte das tun?«

»Na ja, die Parteien vielleicht.«

»Die Parteien! Welche Parteien? Sie kennen die nicht.«

»Warum nicht alle zusammen?«

»Zusammen! Die streiten sich die ganze Zeit! Wußten Sie, daß Mahsud gerade an das Hauptquartier appelliert hat, ihm Nachschub für den Winter zu schicken? Er hat nichts gekriegt.«

»Ihr sagt doch, die Mudschahedin arbeiten mehr und mehr zusammen, sie ignorieren die Parteien. Warum baut ihr, die Mudschahedin, nicht eine solche kleine Fabrik auf?«

»Wovon reden Sie überhaupt?«

»In der Vergangenheit sind eure eigenen Armeen mit getrockneten, gepreßten Maulbeeren marschiert, voller Kalorien, natürlich nicht zwanzig Tage, aber drei oder vier. Was ihr braucht, ist Zucker, Fett, getrocknete

Früchte, Mehl – eine Menge Kalorien und Vitamine –, und wenn all das zusammengemischt ist, wird es gepreßt, so daß alles Gute erhalten bleibt, es aber zugleich klein und leicht ist.«

»Gut, schickt uns das Geld, sagt uns, wie man das macht, wir machen es.«

»Ihr braucht solche Anlagen in verschiedenen Gegenden, denn die Russen werden sie sprengen, wenn sie herankommen können.«

»Und wenn sie mobil wären, um so besser, nicht? Können wir auch Konzentrat für Pferde machen? Unsere Pferde und Esel tragen unsere Ausrüstung und unsere Lebensmittel, aber oft haben wir kein Futter für sie, und sie sterben.«

Ein Hauptthema jedes Gesprächs mit den Mudschahedin ist die Tatsache, daß die politischen Parteien, die behaupten, die kämpfenden Truppen zu repräsentieren, dies nicht mehr tun. Die Hilfe aus dem Ausland geht durch diese Parteien, und um das wenige an Munition und Lebensmittel zu bekommen, das schließlich bei ihnen eintrifft, müssen die Mudschahedin mit den Parteien zusammenarbeiten.

»Wir kämpfen, wir haben es mit den Russen zu tun. Die Parteien sitzen in Peshawar und streiten untereinander, sie vergeben fette Jobs, Autos, sie sind zu Bürokratien geworden. Wenn wir den Krieg morgen gewännen, würden die Parteien einfach verschwinden, niemand will sie.«

Der Amir Mohamadi, Haupt der Hariqat-Partei, hatte sich bereit gefunden, uns ein Interview zu geben. Die

Hariqat steht für eine enge Verbindung zum Westen, für einen liberalen Islam, die Restauration des Vorkriegsafghanistan, in dem verschiedene Auslegungen des Islam nebeneinander existierten. (Und in dem die Mullahs nicht so mächtig waren wie jetzt; extreme Glaubensrichtungen blühen in harten Zeiten auf, wie wir alle gesehen haben.) Der Amir ist ein Mullah. Ich war nervös, denn meine Assoziationen mit dem Begriff »Mullah« waren sehr einfach. Ich hatte die Klagen der Frauen in den Flüchtlingslagern im Ohr: »Wir sind den Mullahs hilflos ausgeliefert. Sie kontrollieren, was wir tun, und die Pakistani erlauben das.« (Eine der Ursachen, warum die Mullahs so mächtig geworden sind, ist genau diese. Pakistan hat Schwierigkeiten, die Lager zu überwachen, da es Männern nicht gestattet ist, in die Frauenviertel zu gehen. Den Mullahs aber in ihrer Frömmigkeit ist dies erlaubt. Daher gebrauchen die Pakistani die Mullahs, um die Frauen zu kontrollieren.)

Ich hatte noch nicht – habe auch jetzt noch nicht – viele dieser heuchlerischen und ignoranten (meist alten) Männer kennengelernt, aber einige aus unserer Gruppe hatten sie schon gefilmt und interviewt und waren entsetzt zurückgekehrt. Naipauls Bericht *Eine islamische Reise. Unter den Gläubigen* hatte mich schockiert, aber ich hatte mich damit beruhigt, daß ich im Westen eine Reihe von Moslems (deren Religion ich nicht mehr schätze als jede andere) kannte, die intelligent, offen und liberal sind und die sagen, daß der Islam voller Menschen wie sie steckt, die, selbst in Ländern wie dem Iran, auf ihre Zeit warten. In Pakistan hatte ich ebenfalls solche Menschen getroffen. Warum, fragte ich mich, war Naipaul, der doch den religiösen Hintergrund und die Erfahrung hatte, jeden zu sprechen, den er wollte, nur auf religiöse Fanatiker gestoßen, und das in so vielen verschiedenen islamischen Ländern? Warum kommen so viele Reporter aus dem Westen von Expeditionen in die Länder des Islam zurück und haben nur von Fanatismus und Intoleranz zu berichten? Liegt es daran, daß der Westen es genießt, sich selbst mit den Extremen des Islam, Nachrichten vom bösen Sarazenen, zu erschrecken – selbst jetzt noch?

Das Haus des Amir ist eine Villa wie viele andere, aber der Garten ist alles andere als gewöhnlich, voller Jasmin, Rosen, Topfblumen, schattigen Lauben: das, was man sich unter einem orientalischen Garten vorstellt. Vor einem Hintergrund von grünen Sträuchern stand ein niedriges Bett mit einer dünnen Matratze. Darüber lag ein leuchtend purpur- und lachsfarbenes Tuch – das Bett wirkte wie ein kleiner Thron. Vor ihm waren einige Matten ausgebreitet. An ihrem Rand ließen wir unsere Schuhe stehen. Auf dem Bett saß der Amir Mohamadi, im Schneidersitz. Er trug blendendweiße Gewänder und auf dem Kopf einen lila karierten Turban, der aussah wie ein Tischtuch, das um eine elegante schwarze und silberne Kappe gewunden war. Er spielte mit einer Kette von Gebetsperlen, seine Hände, dachte ich, waren die Hände eines Tatmenschen, muskulös, stark.

Man sagt, daß wir in einer »Kultur der äußeren Erscheinung« leben, daß wir zunehmend die Menschen danach beurteilen, wie sie aussehen. (Ich glaube aber auch, daß die Menschen sich zunehmend so verhalten, wie sie aussehen.) Meine Reaktion auf den Mullah machte mir das sehr klar. Ich hatte es nicht als besonders schwierig empfunden zu akzeptieren, daß Männer, die aussahen wie Banditen aus dem Balkan des achtzehnten Jahrhunderts, mit Wissen und Klugheit über weltpolitische Dinge sprachen, aber obwohl man mir gesagt hatte, daß dieser Mullah keineswegs der üblichen westlichen Vorstellung eines solchen Geistlichen entsprach, hatte ich mit dem Gefühl der Unwirklichkeit zu kämpfen. Ich habe genug über den Islam gelesen, um etwas über seine grundlegenden Ideen, seine Geschichte und seine großen historischen Gestalten zu wissen; daher war ich nicht überrascht, daß er den Bildern von Rumi oder El-Ghazali ähnelte, das genaue Abbild eines mittelalterlichen Heiligen. Aber konnte er gleichzeitig ein Mensch unserer Zeit sein? In meiner groben westlichen Art nahm ich an, daß sein Ausehen eine Art PR-Trick war, der darauf zielte, die weniger Erfahrenen unter den Gläubigen zu beeindrucken. Aber dann, als ich Pakistan verließ, fragte ich einen moslemischen Freund, und er sagte: »Oh nein, mein Vater ist auch so.« Und ein anderer: »Überhaupt nicht, mein Onkel sieht genauso aus.« Und ich nehme an, wir sollten auch nicht überrascht sein, wenn irgendeine christliche Sekte sich entschließt, ihre Zeremonien in Gewändern zu begehen, die sie aussehen lassen wie Renaissancefürsten. Es gibt ja auch wirklich noch christliche Orden, die sich kleiden wie mittelalterliche Bauern.

Der Amir schloß seinen einführenden Vortrag über die

Geschichte des afghanischen Krieges mit den Worten: »Es ist eine historische Tatsache, daß ich den Widerstandskampf begann. Ich kam auf einer Reise mit zwei Freunden durch Quetta. Wir hatten kein Geld, nichts. Wir gingen zu den Studenten und sagten, werdet ihr kämpfen? Wir bildeten kleine Kommandos aus und griffen acht befestigte Polizeiposten an. Die Nachricht verbreitete sich durch Afghanistan wie ein Sturm, und so begann der Widerstandskampf.«

Es wurde ein langes Interview. Hier sind ein paar Aussagen, die sich mir besonders eingeprägt haben. Frage: »Wie würde Afghanistan heute aussehen, wenn es die russische Invasion nicht gegeben hätte?«

»Wir wären frei. Ist das nicht die Hauptsache? Ich bin überrascht, daß Sie diese Frage stellen. Afghanistan ist nicht frei. Unter der Herrschaft der Russen gibt es keine Menschenrechte. Fortschritt auf diesem Gebiet in einem Land wird zum Besitz der ganzen Welt. Wenn die Herrschaft des Rechts in einem Land aufgehoben wird, ist das ein Verlust für die ganze Welt. Afghanistan hat sich in jeder Beziehung zurückentwickelt. Wir waren auf dem Weg, uns auf den Gebieten des Rechts, der menschlichen Freiheit, der Presse, der Kommunikation, der Erziehung vorwärtszuentwickeln. Das Land war schon auf dem Weg, modernisiert zu werden, viele unserer jungen Leute wurden im Ausland ausgebildet, wir hatten den Beginn einer technologisch ausgebildeten Elite; die Dinge wandelten sich sehr schnell.«

Der Amir sprach dann sehr lange über den Islam und darüber, daß Afghanistan sich zu einem Modell eines liberalen islamischen Staates hätte entwickeln können. »Der Islam ist mit dem afghanischen Nationalismus eng verbunden, und durch den Krieg hat sich das noch intensiviert. Wir werden nicht irgendeinen Islam von irgendwoher übernehmen, wenn wir wieder frei sind. Denken Sie daran, daß bei uns Schiiten und Sunniten zusammenarbeiten; sie sind nicht getrennt wie in anderen islamischen Ländern. Vor Der Katastrophe war Afghanistan in keiner Hinsicht ein fanatisches Land; es gab fanatische Gruppen, aber sie hatten keine Macht und waren auch nicht sehr angesehen.«

Wir fragten: »Die Russen behaupten, erst sie hätten die Frauen in Afghanistan befreit.«

Er antwortete: »Die Befreiung der Frau entwickelte sich schon vor Der Katastrophe. Sie konnten selbst bestimmen, ob sie verschleiert gehen wollten oder nicht, ob sie Jeans und Pullover tragen wollten oder nicht. Die Frauen der Tadschiken, der Mongolen und der Usbeken im Norden haben nie Schleier getragen, das hat dort keine Tradition. Aber sollte es nicht ohnehin das Anliegen des Islam selbst sein, den Status der Frau zu verändern? Wollen Sie sagen, daß es einem Land das Recht gibt, ein anderes Land zu besetzen, wenn es dessen Sitten mißbilligt? Wenn man es historisch sieht, dann hat der Islam die Lage der Frau verbessert: man muß sich bestimmte Gesetze in ihrem geschichtlichen Zusammenhang ansehen. Sie scheinen zu vergessen, daß auch Sie im Westen erst kürzlich, im letzten halben Jahrhundert, die Benachteiligung der Frau überwunden haben. Auf dem Fundament des Islam kann man sehr gut aufbauen.

Weil es Mißbräuche gegeben hat und noch gibt, hat man noch nicht das Recht, uns anzugreifen. *Es ist eines zu sagen, daß der Islam Frauen unterdrückt, und ein anderes zu sagen, daß Männer Frauen unterdrücken* (kursiv von mir). Die Russen unterdrücken jeden, sie bieten keine Hoffnung auf Veränderung. Wir bieten Hoffnung und ein Fundament für die Veränderung. Die Kommunisten unterdrücken Minderheiten und Religionen überall, und niemand protestiert. Sind die Frauen die einzigen unterdrückten Menschen? Der Islam wird sich selbst reformieren, und die Welt kann uns dabei helfen. Der Weg zur Befreiung der Frau in Afghanistan ist doch sicher nicht, ihre Häuser zu zerstören und ihre Kinder zu töten?«

»Wie sehen Sie die Kriegslage?«

»Der Krieg läuft sehr gut, auch wenn man Ihnen das Gegenteil erzählt. Aber wir brauchen unbedingt genug Boden-Luft-Raketen; wir kämpfen auch für euch. Wir holen uns Waffen, wo immer wir sie kriegen können, aber wir können uns nicht die Raketen von den Russen holen, um russische Flugzeuge abzuschießen. Wir erbeuten fast jede andere Art an Waffen, aber diese Raketen nicht.«

»Die Russen bringen Ihre Kinder in die Sowjetunion, um sie dort zu indoktrinieren. Wie wirksam ist das?«

»Sie werden dort ausgebildet, um dann hier für die Russen zu arbeiten. Man gibt ihnen dort Informationen, die sie selbst als falsch erkennen, wenn sie wieder nach Hause kommen. Sowjetisierte Afghanen werden eine kleine Minderheit bleiben, und es wird großer Druck auf

sie ausgeübt, damit sie sich ändern. Wenn sie sich nicht
ändern können, dann werden ihre Eltern sie töten. Afghanen denken sehr langfristig: sie sagen nicht, dies ist
mein Kind, sondern, dies ist ein schlechter Mensch. Es
ist sehr schwer für die Eltern, aber sie werden es tun.«
»Die Russen sagen, sie modernisieren das Land.«
»Mussolini zwang die Eisenbahn, pünktlich zu sein, Hitler hat die Vollbeschäftigung erreicht. Keiner bewundert sie dafür.«
»Kriegen Sie irgendeinen Gegenwert für den Verlust Ihrer Freiheit?«
»Völkermord.«
»Welcher Prozentsatz Ihrer Bevölkerung ist kommuni-
stisch?«
»Wenn es fünfundsiebzigtausend Kommunisten in Afghanistan gab, als die Russen einmarschierten, was wir
bestreiten, dann haben wir fünfzigtausend von ihnen
umgebracht. Wenn noch fünftausend übrig sind, werden
sie nicht mehr lange leben.«
Nach dem Gespräch diskutierten wir unter uns ausführ-
lich über den Amir. Ein Afghane sagte: »Der Amir
kommt aus einer sehr alten Familie voller Dichter und
literarischer Menschen, aber zugleich mit einer starken
militärischen Tradition. Das ist keine ungewöhnliche
Verbindung in Afghanistan.«
Wir wollten wissen, warum er überhaupt Mullah geworden war.
»Sie müssen verstehen, daß man nicht religiös sein muß
oder im westlichen Sinne eine ›Berufung‹ haben muß,
um Mullah zu sein. Ein Mullah ist ein Lehrer des Geset-

zes, der Traditionen. Es war natürlich, daß ein Mann aus einer solchen Familie Mullah wurde. Der Amir saß lange Zeit im Parlament, er wurde von seinem Wahlkreis gewählt. Dann wurde er Senator. Die Senatoren wurden bei uns nicht gewählt, sie wurden ernannt; von einer beratenden Körperschaft, wie von einem Rat der Weisen.«

Ein anderer Afghane sagte höhnisch: »Der Amir Mohamadi mußte Abgeordneter des Parlaments werden, damit seine Stimme gehört wurde: im alten Afghanistan war es nicht genug, ein Mullah zu sein.«

Die sieben Parteien in Peshawar haben die Struktur und das Verhalten von Exilregierungen. Hilfsgüter und Waffen gehen durch ihre Hände, und das hat ihnen mehr Macht gegeben, als sie besitzen sollten. Das eine, auf das sich alle Mudschahedin, die wir trafen, einigten, war die Tatsache, daß die kämpfenden Truppen in ganz Afghanistan mit den Parteien fertig sind. Zum Beispiel: Wir hielten uns in einem bestimmten Hauptquartier auf, und ein Mudschahedin kam heran und fragte, ob jemand Deutsch spreche. Er hatte in Deutschland gearbeitet, während sein Vater und seine Brüder im Heiligen Krieg kämpften. Sein Vater fiel, seine Brüder baten ihn, nach Hause zu kommen, und nun kämpfte er seit einigen Monaten als Mudschahedin. Dieses Hauptquartier war ein hübsches Gebäude, im Stil ziemlich feminin, weiß mit luftigen Gitterwerkverzierungen und einem schönen Garten. Bezaubernd: sehr geeignet für Gartenparties, für gemächliche Sommerunterhaltungen; aber jetzt war es voller Krieger, Mudschahedin aus ganz Afghanistan. Ein weißer Wagen fuhr vor, und ein Mullah stieg aus. »Da hast du's«, sagte unser Freund, »da verschwindet unser Geld: Autos und Privilegien für die Mullahs, Jobs für ihre Freunde. Wir Kämpfer kommen, um Munition zu holen, und wir müssen warten, bis die Mullahs ihre Interviews gegeben haben. Nachdem ich den ganzen Tag herumgesessen habe, krieg ich genug Munition für zwei Wochen, und dann muß ich den Kampf abbrechen und wieder wochenlang warten.« Und dann hören wir wieder, was uns während der ganzen Reise begleitet: »Warum unterstützt ihr uns nicht? Warum gebt ihr uns keine Waffen? Wenn wir genug Hilfe von euch bekämen, wäre der Krieg in ein paar Wochen vorbei.«

Im Inneren Afghanistans wächst die Zusammenarbeit zwischen den Kampftruppen der verschiedenen Parteien. Die Führer der Truppen, obwohl ganz unterschiedlichen politischen Zielen verpflichtet, versuchen, ihre Operationen aufeinander abzustimmen. Ich hörte jemanden sagen: »Mahsud erzwingt allmählich eine Einigkeit im ganzen zentralen Gebiet von Afghanistan.«

Auch innerhalb der Parteien in Peshawar gibt es immer mehr Leute, auch an hoher Stelle, die das Sektierertum, die Arroganz der Parteiführungen ablehnen und versuchen, die Barrieren zwischen ihnen abzubauen. Die Kooperation zwischen den Männern, die wirklich kämpfen, wird sowohl in als auch außerhalb Afghanistans stärker.

███████████ Wir hatten keineswegs vergessen, daß wir etwas über die weiblichen Krieger von Afghanistan herausfinden wollten: aber die Atmosphäre vieler Interviews verbot es, dieses Thema zu berühren. Das war nicht unser einziges Problem. Fast alle unsere Interviews litten unter sehr unterschiedlichen Auslegungen des Begriffs »Interview«. Für uns bedeutet ein Interview, daß Fragen gestellt und beantwortet werden. Wir mußten lange Ermahnungen über uns ergehen lassen, bevor wir überhaupt zu den Fragen kamen. Es lag an dem Gefühl der Isolation, der Hilflosigkeit auf afghanischer Seite – »Als riefen wir um Hilfe«, wie ein Kommandeur es ausdrückte, »aber der Wind verweht unsere Worte.«

■■■■■■■■■■ Meine Notizen eines Interviews lauten: »X spricht immer noch – hat vor zehn Minuten angefangen.« »Fünfzehn Minuten später – weiter und weiter und weiter.« »Eine halbe Stunde ist vorbei.« »Vierzig Minuten, und er spricht immer noch!« »Jetzt, endlich!«
All diese verzweifelten, herzzerbrechenden Appelle können zusammengefaßt werden:
1. Der Krieg läuft für die Mudschahedin gut, nicht schlecht: wir, der Westen, sind desinformiert.
2. Sie werden den Kampf fortsetzen bis zum Sieg.
3. Warum hilft der Westen nicht? Wo sind die Boden-Luft-Raketen?
4. Sie brauchen Lebensmittel: die Russen brennen ihr Getreide ab, zerstören ihre Felder, ihre Bewässerungsanlagen.

Wir verbringen Stunden um Stunden in verrauchten Hotelzimmern, in Räumen der Parteibüros, trinken Coca-Cola und hören den Diskussionen zu, die sich darum drehen, warum der Westen den Mudschahedin nicht hilft. Das schmerzlichste Argument ist für mich: »Sie wissen offensichtlich nicht, wie barbarisch die Russen sind; wenn sie es wüßten, würden sie uns helfen.« Das versetzt mich zurück ins alte südliche Rhodesien, wo ich Jahr um Jahr, Jahrzehnt um Jahrzehnt, die Schwarzen sagen hörte: »Wenn unsere Brüder in England wüßten, wie wir behandelt werden, würden sie uns helfen.« Die Männer, die das sagten, waren die Vorläufer der Militanten, die bald auf der Bühne erscheinen sollten. Die verachten nun die Generation der Älteren, nennen sie »Uncle Toms« – ungerechterweise, wie ich meine. Es ist eines, Teil einer großen Bewegung zu sein, in der alle eine Auffassung teilen, und etwas ganz anderes, isoliert zu sein, wie es die meisten dieser Männer waren. Sie waren mit dem Wissen bewaffnet, daß sie im Recht waren, weil ihr Land ihnen von den Briten gestohlen worden war, aber gleichzeitig hatten sie oft gehört, daß Leute in England sagten, ihre Rechte müßten respektiert werden. Und so wiederholten sie unschuldig und sehr hartnäckig: »Wenn unsere Brüder in England wüßten ...«

Ihre Brüder in England gaben keinen Pfifferling auf sie. Als ich aus Südrhodesien heraus war und versuchte, den Leuten zu sagen, wie die Weißen die Schwarzen in Südafrika oder in Südrhodesien behandelten, wurde ich zusammen mit einem halben Dutzend anderer, die die öffentliche Meinung zu verändern versuchten, als »Rote«, »Kommunisten«, »Liberale« – immer ein schlimmes Wort in Südafrika – und »Unruhestifter« und so weiter beschimpft. Man behandelte uns herablassend, schob uns beiseite, lachte über uns. Eine Debatte über die Situation in Südrhodesien im Unterhaus fand immer vor leeren Bänken statt. Kritik an Südafrika wurde gerade erst in kleinen begrenzten Gruppen geäußert. Und dies teilweise aufgrund bestimmter Romane, die zu der Zeit herauskamen: einer war Alan Patons *Cry the Beloved Country* (dt.: *Denn sie sollen getröstet werden*). Aber Südrhodesien, eine britische Kolonie? – wir konnten unmöglich so etwas tun! *Was! Wir, die Briten?* Aber ich frage mich zunehmend: wenn die Leute in den frühen Fünfzigern zugehört hätten, wenn sie die wenigen warnenden Stimmen nicht ignoriert hätten – wären spätere Katastrophen nicht verhindert worden? Zum Beispiel die sieben Jahre Bürgerkrieg in Südrhodesien? In meinen Augen, ja. Ein Jahrzehnt später war es, wie es bezeichnenderweise heißt, eine »in weiten Kreisen geteilte Meinung«, daß das weiße Regime in Südafrika zu verurteilen sei, aber da war es schon zu spät.

»Wenn die Menschen im Westen wüßten, wie wir in Afghanistan leiden ...« Nicht alle Diagnosen der Motive des Westens sind so naiv.

»Die Vereinigten Staaten und die Sowjetunion sind zu einer geheimen Verständigung gekommen: Rußland kann mit uns machen, was es will, wenn es die Finger von Südamerika läßt. Das erklärt Grenada, die Sowjetunion hatte die Grenze überschritten und mußte bestraft werden; das entsprach durchaus dem geheimen Einverständnis.« Das hörte ich von einem Mudschahedin, der eine russische Fellkappe trug. Er hatte sie einem russischen Soldaten weggenommen, den er zwei Wochen zuvor in der Nähe von Kabul getötet hatte.

Ein Mudschahedin mit den Narben vieler Schlachten und einer Hand, der eine »Spielzeugbombe« alle Finger genommen hatte: »Den Amerikanern ist es gar nicht unrecht, daß wir die Russen hier in Afghanistan in einen Sumpf gezogen haben. Während sie hier beschäftigt sind, werden sie es sich sehr überlegen, ob sie woanders noch etwas anfangen. Unser Kampf hält die Balance der Macht aufrecht. Was, wenn wir die Russen morgen aus Afghanistan rauswürfen? Dann wären sie frei, irgendwoanders ein kleines Abenteuer zu beginnen. Vielleicht ein paar Gefechte an der chinesischen Grenze, vielleicht ein kleiner Ausflug nach Europa. Europa ist wie die Vereinigten Staaten, ihr seid nicht einig, und das macht euch verwundbar. Schweden vielleicht? Schweden ist weich, weil es schon so lange neutral ist. Als der russische Bär Finnland angriff, holte er sich eine blutige Nase, und sie sahen auch, wie die Norweger gegen die Deutschen kämpften.«

████████████████ Ein Mudschahedin im Büro der Hariqat sagte: »Es ist offensichtlich, daß Amerika diesen Krieg jetzt beenden könnte, wenn sie uns genug Hilfe gäben, aber sie tun es nicht; warum nicht? Amerika ist immer noch wie hypnotisiert von Vietnam, irgendwas in ihnen sagt, wenn dieses kleine Land Afghanistan, das so viel schlechter bewaffnet ist als Vietnam, die große russische Nation schlagen kann, dann sind wir (die Amerikaner) sogar noch schlechter als die Russen. Dies ist ein Zug ihres Denkens, und vielleicht ist ihnen das nicht einmal bewußt. Deshalb halten sie den Krieg absichtlich auf einer niedrigen Ebene; sie wollen nicht, daß die Russen siegen, aber sie wollen auch nicht, daß wir gewinnen. Wenn wir gewinnen, dann wird es das erste Mal sein, daß ein Krieg gegen den Kommunismus siegreich endet, und der Krieg wurde von einem Haufen zusammengewürfelter Mudschahedin ausgefochten, und das wird auch Amerika schlecht aussehen lassen. Die grundsätzliche Schwierigkeit liegt darin, daß die Vereinigten Staaten eine zerrissene Nation sind, während die Russen nicht im mindesten zerrissen sind, sie sind eine imperialistische Weltmacht und wissen genau, was sie wollen und wie sie es kriegen. Sie erreichen ihre Ziele durch Unterdrückung und durch Lügen.«

Eine Gruppe von Mudschahedin sitzt auf dem Rasen des Hotels unter den Bäumen, neun Mann. Sie gehören einer anderen Partei an, nicht der Hariqat. Wieder bin ich von den sehr unterschiedlichen Gesichtern beeindruckt: sie stammen aus ganz verschiedenen Teilen Afghanistans. Ein Afghane erklärt mir: »Afghanistan ist eine Mischung verschiedener Völker von verschiedener Herkunft. Sie mögen einander nicht unbedingt. Aber sie lassen einander in Ruhe. Es ist ein bißchen so wie die Schotten, die Waliser und die Engländer. Man mag sich nicht besonders, aber man bekämpft einander nicht. Die Nomaden – wie die Mongolen, die Turkmenen, die Khirgisen, die Usbeken und so weiter – sie sehen sich als verschiedene Völker, aber sie vereinigen sich, um einen Invasoren zu bekämpfen.«

Diese Gruppe kam gerade von Kämpfen in der Nähe von Kabul. Sie waren offensichtlich sehr müde.

Kurz vor ihrer Ankunft hatten wir über die Zeitung *Guardian* gesprochen, die drei Artikel von Jonathan Steele abgedruckt hatte, einem Journalisten, der bei den Russen zu Gast gewesen war und alles geschluckt hatte, was sie ihm erzählten. Er war sogar auf eine Art Potemkinsches Dorf hereingefallen, einen Trick, den die Russen schon seit Jahrhunderten mit großem Erfolg anwenden. (Potemkin war der General unter Katharina der Großen, zugleich ihr Favorit, der die Fassaden wohlhabender Dörfer aufbaute, um die elende Armut der Bauern am Rand jener Straßen zu verbergen, die vom Adel, vom Hof oder von Ausländern bereist wurden. Die Russen zeigen heute Journalisten eine noch nicht zerstörte Gegend Afghanistans, behaupten, dies sei eine Gegend, von der die Gegenseite behauptet, sie sei bombardiert und zerstört worden, eine Gegend, nach der die Journalisten gefragt haben.)

Ob ich nicht überrascht sei, daß der *Guardian* eine prosowjetische Position einnahm? Überhaupt nicht, sagte ich, diese Zeitung hat schon immer solche Fehler gemacht. Zur Zeit der Zentralafrikanischen Föderation (heute vergessen, aber damals ein Gegenstand großer Aufregung), die ein letzter verzweifelter Versuch der

Weißen war, ihre Position durch die Verschmelzung von Südrhodesien, Nordrhodesien und Njassaland (heute Simbabwe, Sambia und Malawi) zu halten, war der *Guardian* ein begeisterter Fürsprecher dieser Idee – zusammen mit Zeitungen, von denen man solch eine Haltung ohnedies erwarten würde.

Mir kam es ganz unwirklich vor, den *Guardian* in solcher Umgebung erwähnt zu hören. Ein Mudschahedin sagte: »Warum seid ihr überrascht? Die Briten haben die halbe Welt mit dem Argument, es sei ihr Recht, die Menschen zu ›zivilisieren‹, erobert. Sie haben es auch bei uns versucht. Jetzt haben die Briten ihr *Empire* verloren, aber deshalb sind sie doch noch immer Imperialisten. Wenn die Russen einmarschieren und zerstören, nennen sie das ›zivilisieren‹ und ›modernisieren‹. Genau wie früher die europäischen Imperialisten. Deshalb unterstützen Zeitungen wie der *Guardian* die Russen: sie können selbst nicht länger als Imperialisten handeln, aber sie können imperialistische Haltungen aus zweiter Hand unterstützen – durch die Russen.«

███████████████ Ein Interview mit dem Erziehungsminister der Hariqat begann mit dem üblichen Appell, Hilfe zu schicken, und mit der Beschwörung des heroischen Kampfes. Dann sagte er: »Wenn wir morgen siegen, haben wir genug Leute, um Afghanistan zu führen, es gibt so viel Talent, Fähigkeit und Erfahrung, das jetzt in den Flüchtlingslagern und unter den Mudschahedin brachliegt. Aber wenn wir noch zehn Jahre kämpfen müssen, dann werden wir schweren Schaden nehmen, denn unsere Kinder bekommen unter diesen Umständen keine gute Erziehung. Ja, einigen unserer Kinder wird geholfen, aber nicht genug von ihnen, viel Talent geht verloren. Die Pakistani helfen uns mit unseren Kindern, aber sie sind nicht in der Lage, soviel zu tun, wie sie gern möchten, weil auch sie leiden: dies ist kein reiches Land. Alle Parteien in Peshawar und Quetta haben Schulen, aber wiederum nicht genug, niemand von uns hat genug Geld, um die Lehrer anständig zu bezahlen. Die Eltern in den Lagern versuchen zu helfen, aber sie haben kein Geld. Das ist ein Problem: die Ausbildung in den Lagern. Sie müssen bedenken, daß es in den Lagern sehr viele Kinder gibt. Die meisten Familien haben zwischen vier und zehn Kinder, und sie bekommen keine Schulerziehung. Die befreiten Gebiete von Afghanistan sind ein weiteres Problem. Wir besitzen ein Schulsystem nach der alten Art: Moscheeschulen, religiöse Schulen und andere, aber wir haben keine weiterführenden Schulen. Wenn wir eine solche Schule bauten, würden die Russen sie sofort bombardieren. Die Russen bombardieren immer die Schulen und die Krankenhäuser. Sie denken logisch, sie wollen nicht, daß wir eine ausgebildete Bevölkerung haben, sie wollen nicht, daß die Mudschahedin behandelt werden, wenn sie verwundet sind. Darum bombardieren sie Schulen und Krankenhäuser. Jetzt passiert etwas Gutes; die USA haben gesagt, daß, wenn die Parteien hier in Peshawar zusammenarbeiten, sie uns mehr Geld geben werden, um mehr Schulen in den befreiten Gebieten aufzubauen.«

Wir fragten: »Finden Sie es richtig, daß die Parteien sich zusammenfinden sollten?«

»Unsere Partei findet das auf jeden Fall richtig. In den befreiten Gebieten lassen wir schon jetzt Kinder aller Parteien in unseren Schulen zu – in den Hariqat-Schulen. Es ist sehr gut, daß die Amerikaner diese Bedingung gestellt haben. Aber die Hilfe, die sie geben, reicht nicht hin. Wenn andere Länder uns soviel für die Erziehung schicken könnten wie Amerika, dann würden wir vielleicht beginnen können, unsere Probleme zu lösen.«

▬▬▬▬▬▬▬ Wenn ein Flüchtling Lebensmittel zugeteilt bekommen will, muß er sich bei einer der Parteien einschreiben. Das bedeutet, daß Leute, die nicht Mitglieder einer Partei sind, nicht registriert werden und hungern oder von Verwandten miternährt werden müssen, die selbst nur über das Nötigste verfügen. Um es deutlich zu sagen: einige der unabhängigsten Geister, die es ablehnen, in eine Partei einzutreten, hungern oder haben es zumindest extrem schwer, sich und ihre Kinder zu ernähren.

Nicht alle Flüchtlinge leben in Lagern; wir verbrachten ein paar Tage damit, Leute zu besuchen, die eine Nische in Peshawar selbst gefunden hatten. Sie bauen sich ein paar Lehmhütten auf unbebauten Grundstücken oder finden irgendwo ein Plätzchen in den Straßen. In Peshawar stießen wir sofort auf die Probleme, die erfahrene Journalisten geradezu erwarten – und sogar zu genießen scheinen. Da die Kriegerfrauen von Afghanistan oder auch nur Berichte von ihnen noch immer nicht aufzuspüren waren, entschlossen wir uns, gebildete Frauen zu interviewen und zu filmen. Uns war ein junger Mann zugeordnet worden, der sich um uns kümmern und uns alles zeigen sollte. (Er war ein Mudschahedin und war vorübergehend hierher beurlaubt worden, um nach seinen Verwandten in den Lagern zu sehen.) Er sagte, es gebe überhaupt kein Problem, jeder von uns, selbst Leon, könne die Frauen filmen. Und wir brachen in seiner Begleitung zu den Straßen auf, die man uns genannt hatte. Als wir dort ankamen, streiften wir alle unsere Schuhe ab und setzten uns, um mit mehreren Männern Höflichkeiten auszutauschen. Dann wurden wir von drei Frauen zu den Frauenhäusern geleitet. Es waren zwei kleine Räume und ein kleiner Hof, alles arm, sauber, spärlich. Die Zimmer waren im afghanischen Stil mit Kissen oder Matratzen ausgestattet, die an den Wänden lagen. Der restliche Fußboden war mit Matten belegt. Die Wände waren weiß getüncht, Ziegel oder Putz. Wir trafen da auf zwei junge Frauen und eine alte und viele Kinder. Sie drängten sich um uns, sehr freundlich, sehr froh, mit uns sprechen zu können. Es ist immer problematisch, mit den Mudschahedin zu reden, weil es für sie praktisch eine Konvention ist, sich als furchtlos und heroisch darzustellen, aber mit den Frauen gibt es keine solche Schwierigkeit. Sie erzählen einem sofort, wie es war, wie schrecklich, wie furchterregend, wie sie litten, wie sie jetzt leiden. Sie weinen, sie berichten von all den Details, nach denen Journalisten hungern und die von den Männern so schwer zu bekommen sind.

Diese Familie war vor vier Jahren durch die Berge hier heruntergekommen. Ihr Dorf, voller Frauen und Kinder, war von den Russen bombardiert worden: die Männer waren fortgegangen, um zu kämpfen. »Von unserem Dorf war nichts übrig«, sagten sie. »In unserer Familie bewahrten wir unsere Vorräte im Keller unter dem Haus auf. Wir stiegen dort hinunter und überlebten, obwohl das Haus über uns zerstört wurde. In der Gruppe, die aus dem Dorf hierherkam, waren hundert Leute und sieben von unserer Familie, darunter dieses Kind hier.« (Ein aufgewecktes kleines Mädchen, Nadala, jetzt neun Jahre alt, sagt, sie erinnert sich an alles auf dieser schrecklichen Reise.) »Wir mußten durch Schnee und Eis, kein Wasser, die Zungen unserer Kinder waren angeschwollen vom Durst. Wir brauchten zwei Wochen, die Russen warfen immer wieder Bomben auf uns ab, dieses Mädchen hier« – eine der jungen Frauen – »saß auf einem Pferd mit einem Baby im Arm, das russische Flugzeug flog sehr niedrig, und sie fühlte ausströmendes Blut; es war von dem Baby. Sie fiel vom Pferd, das Baby war tot. Vielen erfroren die Füße. Von den hundert, die das Dorf verließen, erreichten nur zehn Pakistan. Jetzt leben wir hier. Die Männer kamen hierher, um uns zu suchen, das war ein paar Wochen später. Dann, als sie uns versorgt wußten, gingen sie zurück, um mit den Mudschahedin zu kämpfen.« Meist sprach die alte Frau; weinend, lachend, sie ahmte das Geräusch des Tieffliegers nach, die Panzer, das Maschinengewehrfeuer, die Granaten. Sie war voller Leben – und voller Zorn. Wir saßen alle dicht beieinander, wir Frauen mit den Kindern, und wir verstanden einander sehr gut, kamen einander schnell nahe, wie Frauen es tun. Wir hatten eine Übersetzerin dabei, aber es wäre auch so gegangen.

Nachdem wir aus Höflichkeit eine Weile abgewartet hatten, fragten wir, ob wir sie filmen dürften. Wir stießen sofort auf Zögern, Unbehagen. Die beiden jungen Frauen sagten, ihre Männer seien nicht da, und sie seien es, die dies erlauben müßten. Die eine fürchtete ihren Mann offenbar sehr. Der schwierige Moment ging vorüber, und wir redeten bald wieder so lebhaft wie vorher. Sie beklagten die Enge ihres Lebens, nun, da sie nach dem offenen, großzügigen Leben im Dorf so eingeschlossen waren.

Dann erschienen plötzlich die Männer, und alles änderte sich. Einer von ihnen war ein Schullehrer, der etwas Englisch sprach. Noch bis vor kurzem hatte er in der regulären afghanischen Armee gedient, war aber zusammen mit viertausend Soldaten desertiert. Sie nahmen ihre Kalaschnikows und sechs Panzer mit. Hunderte von diesen Männern kamen nach Peshawar. Der andere war ein Mann, der für uns zu einem Symbol der Frustrationen von Peshawar wurde. Er war kleiner als die meisten Afghanen, leichter gebaut, mit einem engen, düsteren Gesichtsausdruck, mißtrauisch, ein Grobian. Er war der gefürchtete Gatte. Und plötzlich waren die Frauen von der Veranda verschwunden, nach drinnen, sahen nur manchmal durchs Fenster heraus oder kochten in winzigen Kochnischen, wobei sie sich jetzt einen Schleier vor das Gesicht hielten. Die beiden Männer hatten ihre Plätze eingenommen, saßen nun auf der Veranda mit uns zusammen, die Kinder auf dem Schoß oder auf den Schultern; sie waren offensichtlich gute Väter. Die jungen Frauen waren beide schwanger; beide stillten kleine Babys und hatten schon ältere Kinder. Diese Frauen, afghanische Schönheiten, angeschwollen und voller Milch, an denen die Babys hingen, waren verletzlich und brauchten Schutz. Es war leicht, sie durch die Augen der Männer zu sehen. Vor uns lag eine Stufe des Familienlebens, die im Westen vorüber ist, durch Geburtenkontrolle und die Frauenbefreiung längst der Vergangenheit gehörig. Dieser besitzergreifende, zornige Gefängniswärtergatte mit seinen heißen Augen war wahrscheinlich ein ebenso guter Mann wie Vater – im alten Stil: ergeben, eifersüchtig, leidenschaftlich, fordernd, allumfassend.

Unter uns emanzipierten Frauen gibt es in schwachen Momenten durchaus Träume von einem richtigen altmodischen Ehemann. Unglücklicherweise kann man nicht alles zugleich haben, man kann nicht gleichzeitig auf zwei Hochzeiten tanzen. Der freundliche, kameradschaftliche Mann unseres Lebensstils kann diesem hingebungsvollen Ehepolizisten, der da vor uns saß (er war wirklich ein Polizist, im Sicherheitsdienst), dessen Frau ihn fürchtete, niemals auch nur im entferntesten ähneln. Solche Männer umgeben ihre Frauen mit einem konzentrierten, leidenschaftlichen Hunger. Täte das ein Mann in unserer Gesellschaft, so würde sich die moderne Frau bald gegen ihn wenden: »Wer glaubst du, bist du? Hitler?« Deshalb sind unsere Männer unsicher und treiben leicht wieder aus der Ehe heraus. Sie sind niemals wirklich angesprochen worden – nicht in ihren tiefsten Instinkten. Was ich hier auf der kleinen Veranda in Peshawar beobachtete, war der extreme Gegensatz zur Erfahrung der westlichen Frau: der leidenschaftliche, hochsexuelle Ehemann – und je mehr Kinder, desto besser. Aber es war, als blickte man in ein kleines, heißes Gefängnis hinein.

Während ich diesen Gedanken nachhing – sie alle wären von den männlichen und weiblichen Afghanen hier für verrückt erklärt worden –, deklamierten die Männer über den Heiligen Krieg und die Russen. War uns klar, daß die Russen mindestens eine Million Zivilisten getötet hatten? Sie hielten die Zahl sogar noch für zu niedrig. War uns klar, daß die Frauen und Kinder, die wir hier sahen, sehr gut hätten tot sein können? Wußten wir, daß es hier in Pakistan mindestens drei Millionen, wahrscheinlich eher vier Millionen Flüchtlinge gab? Und die eine oder zwei Millionen Flüchtlinge im Iran? War uns klar . . .?

Wenn wir die jungen Frauen nicht filmen durften, dann vielleicht die alte? Warum nicht? gestanden sie großzügig zu.

Und dann begannen wir, das Wesen der Öffentlichkeitsarbeit zu erklären – ›Image‹, Propaganda, Information. Diese Leute verstanden das alles nicht, es war ihnen ganz fremd.

»Warum wollt ihr, daß ich das alles noch einmal sage, wir haben es doch gerade erzählt?« fragte die alte Frau sehr vernünftig.

»Wir wollen den Leuten in Amerika zeigen, wie Sie die

Geschichte erzählen, weil sie dort drüben nicht verstehen, was mit euch geschehen ist.«

»Die Russen haben unser Dorf bombardiert, und dann kamen wir über die Berge und dann ...« Aber jetzt sprach sie mechanisch.

Plötzlich fragte eine von uns: »Erzählen Sie uns von Ihrer Heimat in Afghanistan.«

Und nun brach die alte Frau in Tränen aus, vergaß die Kamera und begann zu sprechen, fast in einem Klagegesang: »Oh, Afghanistan, Afghanistan ist mein Herz, mein Geliebter, ich sehne mich nach der Heimat, mein Heimatland, mein Volk, mein Afghanistan.« Ich dachte an die Ironie, daß die Russen unter allen Völkern der Welt dies am besten verstehen würden, denn auch sie reden unablässig von ihrer *rodina*, von der Heimat.

Der Lehrer schiebt einen kleinen Jungen in die Mitte. Er hat eine grob aus Holz geschnitzte Kalaschnikow. Er schießt mit »d-d-d-d-d«-Geräuschen und ruft »Freiheit und Tod!«. Sein Vater verbessert ihn: »Freiheit oder Tod!«

»Solange hier Russen sind, werden wir kämpfen«, sagen die Männer und die alte Frau und die Kinder, damit wir es auch wirklich nicht vergessen.

Leon wurde natürlich nie hereingelassen, um diese Familie zu filmen. Inzwischen unterhielt er sich in dem äußeren Raum mit zwei jungen Männern, die in Kabul studiert hatten, aber jetzt keinen Studienplatz an einer Universität in Pakistan bekommen konnten. »Wir haben jetzt viel Zeit, wir sind frei, wie Sie sehen«, sagen sie lachend. Sie sind die Brüder einer jungen Ärztin, die in einer Klinik für Flüchtlingsfrauen und -kinder arbeitet. Die Ärztin ernährt die ganze Familie. Und wo war der junge Mann, der gesagt hatte, es wäre »kein Problem«, die Frauen zu filmen? Er war irgendwohin verschwunden.

Wir, die Frauen, gehen in das Zimmer der Ärztin. Es erinnert mich an Zeiten in meinem Leben, als ich arm war. Es ist ein kahler, weiß gestrichener Raum mit billigen farbigen Matten auf dem Boden, Bildern, die aus einer Zeitschrift herausgerissen sind, an den Wänden, und einem großen Bett mit einer bunten Decke. An den Wänden entlang liegen Matratzen und dicke Decken, auf denen wir sitzen, alle außer mir mit gekreuzten Beinen. Ich weiß nicht, wie sie das machen. Es ist ein heißes, feuchtes Zimmer. Ihr Vater hatte früher eine Manufaktur für Wolltextilien in Kabul, und er war insgeheim mit den Mudschahedin im Bunde. Bedienstete hörten, daß die Kommunisten ihn verhaften wollten, warnten ihn, und er floh mit seiner Familie. »Und so kamen wir über die Berge, bombardiert von den Russen . . .«

Die Mutter war früher Buchhalterin, hatte sogar in Amerika gearbeitet. Alle kennen mehrere fremde Länder. Die junge Ärztin sagt, daß sie in Kabul frei war, westliche Kleidung trug, studierte und arbeitete, wie sie wollte. Jetzt lebt sie in Purdah, muß sich verschleiern, sobald sie ihr Haus verläßt. Sie kann nicht einmal in die Bibliothek gehen, um sich Bücher zu holen: ihre Brüder bringen sie ihr mit. Abends kann sie nichts unternehmen, nur lesen. »Was sonst können wir hier tun?« Wie gründlich ich vom strengen, puritanischen Geist Pakistans bereits berührt bin, zeigt die Tatsache, daß ich mich zwingen muß zu fragen: »Gibt es kein Café oder Restaurant oder vielleicht Theater, zu dem Sie gehen könnten?« Ich hatte das Gefühl, als hätte ich nach Bordellen gefragt. Ihr Lächeln drückt zugleich die Lächerlichkeit meiner Frage aus und ihr Wissen, daß auch ich die Frage als lächerlich empfinde.

███████████████ Ein Flüchtlingslager besteht aus einem Labyrinth von kleinen Räumen, die miteinander verbunden sind. Manchmal gibt es, wenn die Bewohner Glück haben, einen kleinen Hof. Die Wände sind gewöhnlich aus Lehm, manchmal weiß gestrichen. Oder es gibt Hunderte von Zelten, jedes von einem niedrigen Erdwall umgeben. In Purdah*gibt es fast ausnahmslos einen Vorraum für die Männer, den die Frauen nicht betreten dürfen, wenn männliche Besucher anwesend sind. Die Räume sind überfüllt, sie haben kein Mobiliar außer den Matratzen und Decken, ein paar Regalen für Lebensmittel und Kleidung. Hier herrscht absolute Armut. Überall wimmelt es von Kindern. Die Frauen bringen ihre Familien irgendwie mit den dürftigen Rationen durch, die sie durch die Parteien bekommen. Die Männer kämpfen und kommen zu Besuch, wann immer sie können.

Manchmal hat eine Familie oder eine Gruppe von Fami-

---

* *Purdah* bedeutet ursprünglich Schleier, es bezeichnet auch das gesamte System der Unterdrückung der Frau in islamischen Gesellschaften. A. d. Ü.

lien einen Mann, der sich um alle kümmert. Mehrfach hörten wir, daß Mahsud, Hakkani oder ein anderer Führer Mudschahedin beurlaubten und fortschickten, damit sie sich um ihre Familien kümmern konnten.

Die Menschen hier sind aber keinesfalls nur passive Empfänger von Hilfsgütern und Lebensmitteln. Peshawar ist voll von Afghanen, die kleine Geschäfte begonnen haben. Auf den alten Märkten von Peshawar verkaufen sie Lebensmittel und afghanische Güter aller Art; Vorhänge, Teppiche, Messinggeräte, Kleidung und traurige Erinnerungen an tote russische Soldaten: Pelzmützen, Kappen, Abzeichen mit dem roten Stern, Gürtel und so weiter. Diese Dinge werden aus Afghanistan mit Eseln und Pferden heruntergebracht, zusammen mit Briefen und Nachrichten von zu Hause. Es ist ein ständiger Verkehr. Wenn die Afghanen weniger unternehmungslustig wären, würde das die Pakistani beruhigen? Unvermeidlich tauchen die pakistanischen Klagen auf, daß die Afghanen ihnen die Arbeit wegnehmen. Die Antwort lautet: »Wir nehmen ihnen keine Jobs weg, wir beginnen eigene Geschäfte.« Die Lager selbst sind voller kleiner Geschäftsunternehmungen.

Ich höre zwei Afghanen der Mittelklasse zu, die irgendwie in Peshawar überleben. Sie diskutieren darüber, warum der Westen den Flüchtlingen nur zögernd hilft.

»Ich glaube, weil wir es ablehnen, einfach hilflos dazusitzen«, sagt der eine. »Der Westen reagiert auf ein hungerndes Kind – am besten ein schwarzes. Aber nehmen wir an, das folgende tauchte auf dem Fernsehschirm auf: ein Afghane, der bei den Mudschahedin kämpft, wird verwundet, kann nicht weiterkämpfen. Er verkauft gebratene Küken an einer Straße, die die Mudschahedin benutzen, wenn sie ihre Familien im Lager besuchen. Seine Frau und seine sieben Kinder leben in dem Lager. Er verdient gerade eben genug, um sich und seine Familie am Leben zu halten, aber sie sind unterernährt, er kann ihnen keine warme Kleidung kaufen, und sie gehen nicht zur Schule. Würden die Leute im Westen auf so eine Geschichte reagieren?«

»Nein«, sagt der andere. »Es ist eine Frage der Konditionierung. Sie sind daran gewöhnt, auf das schwarze Kind zu reagieren, nicht auf uns.«

Ich fragte einen pakistanischen Freund, ob er glaube, daß Pakistan auf lange Sicht von diesem Einbruch afghanischer Unternehmungslust und Energie profitieren würde. Gewöhnlich zieht ein Land, das Flüchtlinge aufnimmt, Nutzen in vielen Bereichen aus diesem Zustrom, wenn auch vielleicht erst eine oder zwei Generationen später. Er sagte, daß Pakistan selbst zu viele Probleme habe, um von weiteren Problemen zu profitieren. Amerikaner und Menschen anderer Nationalität meinten dagegen, daß es den Pakistani nur nützen könne, eine Zeitlang afghanischer Energie und Härte ausgesetzt zu sein.

▬▬▬▬▬▬▬▬ »Drei Millionen« – es ist leicht, solch eine Zahl auszusprechen, aber erst, wenn man Meilen um Meilen von Flüchtlingslagern sieht, beginnt man nachzuempfinden, was das bedeutet – endlose kleine Lehmräume oder -hütten oder die Baracken, die an ihre

Stelle treten; endlose Schwärme von Kindern, die meisten ohne Schule; die Frauen eng zusammengepfercht, kaum sanitäre Einrichtungen; nicht genug Wasser. Und immer noch kommen mehr Flüchtlinge aus Afghanistan, zu Tausenden, zu Hunderttausenden. Ein amerikanischer Arzt sagte mir: »Die Russen werden nicht ruhen, bis sie jeden Afghanen aus Afghanistan vertrieben haben. Das ist es, was sie eigentlich wollen, ein leeres Land, das sie besiedeln und ohne Widerstand ausbeuten können. Sie wissen, daß sie kämpfen müssen, solange es noch Afghanen im Lande gibt.«

»Ja, aber solange es überhaupt Afghanen gibt, auch außerhalb des Landes, werden sie sie bekämpfen müssen.«

»Deshalb versuchen sie, die Grenzen zu schließen.«

Fast der gesamte Verkehr von und nach Afghanistan – Kampftruppen, ihre Ausrüstung, ihre Tiere, Ware für die Märkte, Journalisten, Spione und Bauern – geht durch das Land der Paschtunen. Dieser Stamm hat sich nie irgendeiner Regierung verpflichtet gefühlt. Sie lieben weder Pakistan noch Kabul noch die Russen. Ihre Geschichte, wenn man ihren Angaben folgt, ist erstaunlich: sie beanspruchen, ein Stamm Israels zu sein, der von Nebukadnezar nach Afghanistan verschleppt wurde. Kurz, sie sind Juden. Sie tragen Namen des Alten Testaments; auf alten Grabsteinen finden sich hebräische Inschriften; sie haben sich einige jüdische Gebräuche erhalten. Dieses Volk ist selbst in Afghanistan für seine Wildheit und Unbeugsamkeit berühmt. Sie haben es abgelehnt, mit den Russen zusammenzuarbeiten, aber jetzt setzen die Russen eine sehr kluge Politik ein, um sie für ihre Seite zu gewinnen. Die Paschtunen glauben, daß ihnen ihr Land im Laufe der Jahrhunderte geraubt worden ist, daß man sie auf schmalem Raum zusammengetrieben hat. Die Russen nun bieten ihnen Land, wenn sie sich bereit erklären, aus der Grenzregion fortzuziehen, und sie bieten ihnen – sollten sie es vorziehen, dortzubleiben – Geld, wenn sie aufhören, die Mudschahedin zu unterstützen. Bis zu einem gewissen Maße scheint dieser Druck Wirkung zu zeigen. Sollten die Russen Erfolg haben, wird den Mudschahedin eine der Straßen von Afghanistan nach Pakistan verschlossen sein – vielleicht die wichtigste. Aber die Paschtunen, das zeigt ihre Geschichte, sind nicht lange zu bestechen – sie haben immer Geld genommen, wo sie es kriegen konnten, und sind dann ihren eigenen Interessen nachgegangen. Sie hassen die Russen, und das ist die Hoffnung der Mudschahedin.

Vier von uns kehrten in das Viertel zurück, wo die unregistrierten Afghanen leben. Unser kleiner Polizist war wieder dabei, er hatte uns erklärt, daß wir ohne ihn nicht gehen dürften. Was ihm das Recht gab, wer so etwas bestimmte, war nie herauszufinden. Irgendeine Art von Mentor, sagten die Erfahrenen unter uns, mußten wir haben, also war es egal. In unseren eigenen Augen waren wir wenig bemerkenswert – drei Frauen, eine Engländerin (aus dem alten Südrhodesien, jedoch in Persien geboren, aber egal!); eine Texanerin; eine Afghanin, die in Groß-Britannien geboren war; und ein schwedischer Filmemacher – nichts Besonderes im Westen, wo Menschen viel unterwegs sind und sich ständig die unterschiedlichsten Gruppen vermischen, aber in den Augen der Behörden hier waren wir sehr auffällig. Was machten wir hier überhaupt? Nun, sagten wir, wir arbeiten für »Afghan Relief« und sehen uns ... Aber wieso zusammen? Na ja, wir sind Freunde, sagten wir. *Aber, aber, aber!* »Nehmt also lieber den kleinen Polizisten hin, er ist nicht so schlecht, wie ihr denkt, es könnte viel schlimmer kommen.«

Jede kleine Gasse, jede kleine staubige Hütte, jedes Haus hat einen flachen Graben, in dem Wasser fließt und durch den aller Abfall die Behausungen verläßt. Der Geruch ist stark. Nancy Sheils, die an Südindien gewöhnt ist, sagt, daß moderne Abwässersysteme ein westlicher Aberglaube seien und daß Milliarden von Menschen sehr gut ohne so etwas auskommen. Ich sage, daß in Groß-Britannien viele Leute an Cholera, Typhus und Ruhr starben, bevor Abwässersysteme eingeführt wurden, und daß ich nicht bereit war, mich im Angesicht dieser stinkenden Kanäle zur Toleranz in dieser Hinsicht überreden zu lassen. Aber ich merkte, daß mir schon bei meinem zweiten Besuch dieser Gegend kaum noch auffiel, was mich beim ersten Besuch so gefangengenommen hatte.

In der Nähe der Hütten, die wir besuchten, lebte ein Qazi mit seiner Familie. Er war eine Art Magistrat, aber hier arbeitete er jetzt als Hausmeister. Eine der Frauen, seine Schwägerin, war eine Verwandte von Daud, dem Politiker, der die Russen nach Afghanistan holte. Wir fragten sie lieber nicht, was sie jetzt von ihrem distinguierten Verwandten hielt. Junge Frauen, alte Frauen, Kinder und der Qazi, einige Englisch sprechend, waren eifrig darum bemüht, uns ein wenig dazubehalten, sie sehnten sich verzweifelt nach jeder gesellschaftlichen Abwechslung in der Öde der Lagerroutine. Vor allem die Frauen litten sehr unter den Bedingungen von Purdah.

Dies sind Menschen, die in Afghanistan Häuser und Gärten hatten, die dort ein gutes Leben führten.

Dann wurden wir unvermittelt zu einem staubigen Platz zwischen drei Ziegelmauern geführt, wo ein kleines Zelt aufgeschlagen worden war. In dem Zelt lebten eine junge Frau, ihr Gesicht natürlich vom Schleier verhüllt, ein Mann, aus dessen düsterem Gesichtsausdruck Verzweiflung sprach, und ein Junge von fünf oder sechs Jahren, der nicht wußte, was er tun sollte. Ein Kleinkind lag eingewickelt wie ein Indianerbaby in einem Moskitonetz, es war gerade aufgewacht und sah ganz gesund und normal aus. Aber ein zweites Baby war gestorben, als »wir durch die Berge herunterkamen«, und ein anderes Kind, vielleicht ein Jahr älter, lag mit dem Gesicht nach unten so schwer und still auf einer Matratze, daß wir dachten, es wäre tot oder stürbe. Es war sehr krank. Die Familie war nicht registriert und bekam daher keine Rationen, der Mann verdiente ein paar Rupien in der Woche, er arbeitete als Träger auf dem Markt. Jetzt war es heiß, stickig, staubig in dem Zelt. Bald aber würde es kalt und staubig sein, aber sie würden den Winter hier verbringen müssen. Hier, wo sie jetzt waren.

Alle Gassen, durch die wir gingen, waren voller Afghanen, die beieinanderstanden und sich unterhielten. Diese ganze Gegend wurde von Afghanen bewohnt. In kleinen Läden wurde Obst und Gemüse verkauft. Die meisten der Männer waren Mudschahedin, die in Kampfpausen zu Besuch hierhergekommen waren. Man brachte uns in einen Raum, der mir geradezu luxuriös vorkam, bis ich mir klarmachte, wie sehr mein Standard sich im Laufe weniger Tage verschoben hatte. Es war ein Raum mit guten Ausmaßen und einer hohen Decke, die Wände waren weiß und sauber. Auf dem Fußboden lag ein echter afghanischer Teppich. Die Matratzen, die entlang den Wänden lagen, waren mit Teppichen und Decken umhüllt, und das Bett trug eine wollene bunte Tagesdecke. Ein großer Ventilator drehte sich unter der Decke. Vor allem aber stand in einer Ecke des Raumes ein Kühlschrank – der erste, den ich hier sah. Dann wurde mir bewußt, daß in Groß-Britannien, ganz bestimmt in Amerika, dieses Gerät selbst von einem sehr anspruchslosen Gebrauchtwarenhandel als zu altertümlich angesehen worden wäre. Dies war das beste Zimmer, das wir besuchten: die Leute, die darin wohnten, waren Lehrer und hatten Arbeit.

Ein Kommandeur aus Paghman besuchte uns mehrfach, er kam von wieder einer anderen Partei und war, verglichen mit Männern, die ganze Feldzüge befehligen, ein kleiner Fisch. Er war der Sohn eines Bauern. Da er intelligent und tüchtig war, ging er in die reguläre Armee, in der er sich vor Der Katastrophe auszeichnete. Er befehligt jetzt ein paar hundert Mann. Am ersten Abend war er gerade von den Kämpfen in Paghman zurückgekommen, und er war noch sehr erregt, unruhig, redefreudig und prahlerisch. Am nächsten Tag war er nüchtern und müde, sagte, er litte noch unter dem »Schock der Schlacht«; er konnte nicht schlafen, weil er die ganze Nacht Russen vor seinem geistigen Auge sah und glaubte, wachbleiben zu müssen, um sie zu töten. Seit sieben Jahren kämpft er gegen die Russen. Drei Tage vorher waren in einem Gefecht achtzig Russen getötet und achthundert verwundet worden. Die Russen versuchen seit sieben Jahren, Paghman unter Kontrolle zu bekommen. Das Land war früher das ›Paradies von Afghanistan‹, voller Obstplantagen, Gärten, Felder mit funktionierenden Bewässerungssystemen. Eine halbe Million Menschen lebte dort. Jetzt ist es eine Wüste; niemand würde mehr glauben, daß es dort einmal Gärten gab und Wasser und Blumen. Die russischen Bomben sind so tief gegangen, daß der Grundwasserspiegel in zehn Meter Tiefe zerstört wurde. Der Boden ist zum Teil sauer und unbrauchbar geworden. Die große Burg von Paghman wacht noch immer über den Eingang zum Tal. Dies war die Festung, von der aus sie in der Vergangenheit sogar Kabul angriffen. Jetzt kontrollieren die Russen fünf Kilometer um Kabul herum, und auch das nur bei Tag. »Wir sind es«, sagt er, »die bestimmen, was in und um Kabul geschieht. Zum Beispiel wollten die Russen am letzten Ersten Mai eine Feier abhalten, Sie wissen schon, der Tag der Arbeit, und wir beschlossen, da mitzumachen. Wir legten mit zwei Abteilungen einen Hinterhalt in der Nähe der Burg. Wir wußten, daß ein russischer Konvoi an diesem Tag dort durchkommen würde – unsere Informanten hatten uns das signalisiert. Unsere Chance kam erst um vier Uhr morgens, dann zerschnitten wir den Konvoi in verschiedene Teile. Unsere Männer sprangen auf den Konvoi herunter; wir gebrauchten sogar Beile und Eisenstangen, die Russen sind uns in so einem Nahkampf weit unterlegen. Wir eroberten Kalaschnikows und sogar gepanzerte Truppentransporter. Wir hatten keinen sicheren Ort, an den wir das alles hätten bringen können, also gossen wir Petroleum drüber und steckten es an. Die Explosionen konnte man noch in Kabul sehen. Das war unser Beitrag zum Ersten Mai. Es war ein sehr berühmter Angriff, Sie können ruhig danach fragen. Ich sag das, weil man uns immer beschuldigt, zu übertreiben. In Wahrheit gibt es ständig Schlachten, von denen nie jemand hört, außer den Russen, und die wissen ganz genau, daß wir nicht übertreiben.«

Bei einem weiteren Besuch sagte er: »Die russischen Methoden sind mit ihren politischen Vorspiegelungen nicht zu vereinbaren. Am Anfang fielen einige Leute auf die schönen Worte herein, aber das ist lange her. Wir glauben jetzt, daß es vielleicht noch zweitausend Kommunisten im ganzen Land gibt, und auch von denen tun einige nur so, weil sie müssen. Die Russen geben den Leuten, die ihnen gehorchen, deren sie sich sicher sind oder das zumindest glauben, Arbeit. Das ist der klassische Imperialismus. Sie gehen dann an die Verwandten der Leute ran, die für sie arbeiten, nehmen sie sozusagen als Geiseln, damit die Leute zuverlässig bleiben. Das schafft aber wieder Möglichkeiten für den Widerstand. Diese Leute sind oft bereit, die Augen zu verschließen, ein Risiko auf sich zu nehmen. Genaugenommen gibt es gar keine Kollaborateure. Sie haben von den Russen, die selbst korrupt sind, gelernt, das System auszunutzen, und sie sind für uns, da wo sie sind, viel nützlicher, als wenn sie geflohen wären. Das erste, was die Russen tun, ist, ein Netzwerk von Kollaborateuren zu bilden. Das ist eine weitere Methode, die mit ihren Ansprüchen nicht zu vereinbaren ist: statt das Land zu kollektivieren, schaffen sie eine große Anzahl von Kleinkapitalisten. Wenn jemand fünfzig Hektar hat, nehmen die Russen vierzig und lassen dem Mann zehn. Dann sagen sie: ›Wenn du dich benimmst und nicht mit den Mudschahedin zusammenarbeitest, kannst du deine zehn Hektar behalten.‹ Mit den anderen vierzig kriegen sie wieder vier kleine Kapitalisten, die in der gleichen Art unter Kontrolle gehalten werden. In den Städten wenden sie eine andere Politik an. Wenn jemand fünfzigtausend Afghanis (afghanische Geldeinheit) besitzt, lassen sie ihm zehntausend und nehmen ihm vierzigtausend weg. Die geben sie Leuten, die bereit sind, für sie zu spionieren. Sie wollen ihre Kontrolle des Landes sozusagen zu einem sich selbst finanzierenden System machen. Wenn sie in eine Stadt einmarschieren, markieren sie die guten Häuser, werfen die Eigentümer hinaus und geben die Häuser ihren Mitläufern. Auf die Weise wollen sie eine ihnen ergebene Elite schaffen. Aber wir wissen, wer die wirklichen Handlanger und Helfershelfer sind, sie wissen's nicht. So viele Leute in ihren Netzwerken arbeiten für uns, daß wir immer wissen, was sie tun und was sie planen. Deshalb können Leute mit so wenig Waffen und Munition soviel ausrichten.« Dieser Mann sprach mit großer Bewunderung von Mahsud, der einer anderen Partei angehört: »Mahsud hat die Smaragdminen von den Russen zurückerobert. Seine Agenten kaufen Waffen auf den internationalen Märkten, er hat schon achtzehn Hubschrauber und dreizehn Jäger der Russen erbeutet, hat sie reparieren lassen, und sie sind einsatzfähig. Er hat sechshundert Panzer – bis heute wahrscheinlich noch mehr. Er hat irgendwo ein Versteck, wo er sie unterbringen kann, aber wir mußten die sechzig Panzer, die wir in der Nähe der Burg erobert haben, in die Luft jagen.«

Die Berge sind voller Verstecke, Höhlen und natürlicher Festungen, die von den Kommandeuren der Mudschahedin als Hauptquartiere benutzt werden. Nicht nur von den Mudschahedin. Eine Armee von Turkmenen kämpft auch jetzt noch, Jahrzehnte nach der Eroberung ihres Landes, gegen die Russen. Sie besaßen eine ›Schilfstadt‹ in einem großen Sumpfgebiet nahe der russischen Grenze, wo sie eine Armee unterbringen konnten, Waffen, sogar Krankenhäuser. Heute haben sie ihr Hauptquartier verlegt.

Dieser Kommandeur sagte, daß der KHAD hinter ihm her sei, um ihn auszuschalten, daß ihm aber nicht erlaubt sei, in Pakistan eine Waffe zu tragen. »Der KGB hat hier mehr Einfluß, als man denkt. Deshalb wird mir nicht erlaubt, eine Pistole zu tragen.«

Während dieser Besuche wohnten wir fünf in Dean's Hotel, das wahrscheinlich einzigartig in der Welt ist. Es wurde noch unter der Herrschaft des Raj erbaut und besteht aus flachen, einstöckigen Gebäuden, die über ein weites Gebiet in Gärten verstreut daliegen. Die Zimmer sind stickig und heiß, aber als ich nachts aufwachte, war es eiskalt: der Schweiß war durch die Arbeit des riesigen Ventilators auf meiner Haut getrocknet.

Dann wiederum konnte ich wegen des Lärms nicht schlafen. Die Klimaanlage machte alle möglichen Geräusche. Die Ventilatoren sirrten. Es hörte sich an, als wäre dieser Zimmerblock ein Schiff, das einen Fluß hinabstampfte. Diese Illusion wurde noch dadurch verstärkt, daß alles, die Vorhänge, die Ränder der Sesselbespannung, die Kleidung über dem Stuhlrücken sich im Wind der Propeller bewegte. Wenn ich aus dem Fenster sah, würde ich den sich dahinschlängelnden Fluß sehen, die Ufer des Dschungels. Der Raum über unseren Zimmern war leer, wahrscheinlich ein flacher Speicher. Von daher drangen erstaunliche Geräusche, viel zu laut für Ratten. Vögel mußten sich dort oben angesiedelt haben, oder sogar kleine Tiere. Das Gefühl, beobachtet zu werden, war stark. Wenn ich zu einem Riß in der Zimmerdecke aufsah, erwartete ich, in Augen zu blicken – und nicht unbedingt Tieraugen. Aber als ich tatsächlich aus dem Fenster sah, verschwanden diese Vorstellungen: da draußen gab es nur schattige Rasenflächen, Bäume, Büsche, blasse Sterne, die anderen Blocks des Hotels alle dunkel – und der Nachtwächter auf seiner Runde.

Ich will mich über dieses einzigartige Hotel nicht beklagen, denn ich bin froh, daß sie es noch nicht abgerissen und durch eine dieser gesichtslosen internationalen

Monstrositäten ersetzt haben. Die Atmosphäre vermittelt vielleicht diese kleine Geschichte: Da ich wie gewöhnlich nicht schlafen konnte, wanderte ich um vier Uhr morgens in meinem Zimmer herum, als ich einen lauten Knall hörte. Ein Schuß? Das Hotel wird von Waffenhändlern benutzt, von Drogenschiebern, Gangstern, Spionen, Desperados aller Art ebenso wie von Journalisten, Entwicklungshelfern und gewöhnlichen Touristen. Ich unternahm nicht direkt etwas, sah aber nach fünf Minuten aus dem Fenster. Niemand auf der Veranda oder im Garten, alles ruhig und unschuldig, und die Fenster des Blocks, der in der Nähe im rechten Winkel zu unserem stand, blieben dunkel. Kurz darauf wurde an meine Tür geklopft. Ich öffnete nicht sofort, und als ich ein paar Minuten später hinaustrat, war wieder nichts zu sehen. Eine halbe Stunde später hörte ich eine Reihe von Lauten, die zu definieren ebenso schwierig wie verlockend war. Das war nicht der Typus von Geräuschen, die man um vier Uhr dreißig morgens in einem Hotel erwartete, zumindest nicht in einem respektablen Haus, zum Beispiel in London. Stimmen? Nein. Mehr so, als würde etwas Schweres umhergeschoben oder -gezogen. Ich stand da und sah hinaus: nichts. Allmählich kam der Morgen. Zwei Mudschahedin erschienen an der Tür eines Zimmers in unserer Nähe. Sie warfen sich ihre Decken über die Schultern und schlenderten in die Dämmerung hinaus. Der Nachtwächter des Hotels geleitete sie zum Tor. Aus dieser Serie kleiner Geschehnisse ließe sich eine ganze Reihe von Geschichten zusammenkochen.

Es ist selbstverständlich und braucht kaum erwähnt zu werden, daß alle Taxifahrer, die vor solchen Hotels auf Kundschaft warten, alle Kellner und auch der Mann am Empfang Polizeiagenten sind.

Drei Tage nach der Ankunft stellt man an sich ein Mißtrauen fest, das an jedem anderen Ort lächerlich wäre. Trifft man jemanden, ist der erste Gedanke: »Wer bezahlt dich?« Paranoia? Unsinn. Das ist die Überlebensausrüstung.

Die ganze Stadt ist voller Intrigen, geheimnisvoller Ereignisse, Spione. Typen, die so offensichtlich verdächtig sind, daß ein Autor sie nur für die Satire gebrauchen könnte, nähern sich einem mit einer Parade der Unschuld, um Fragen von beiläufiger List zu stellen und zu erzählen, warum sie in Pakistan oder Peshawar sind und warum sie sich getrieben fühlten, einen im Hotelzimmer zu besuchen oder sich zu einem an den Tisch zu setzen. Man möchte laut herauslachen; man möchte ihnen zuzwinkern, damit sie auch lachen... Aber nein, die Spielregeln verbieten das: feierlicher Ernst herrscht. Dann verschwinden sie, wahrscheinlich um für die eine oder andere Seite ihren Bericht zu schreiben. Dies ist ein wesentlicher Teil der »Peshawar-Erfahrung« und bedeutet, daß man einen Geschmack der schmierigen, gefährlichen schwarzen Komödie bekommen hat, die, da bin ich sicher, nirgendwo sonst so vollkommen gespielt wird.

▰▰▰▰▰▰▰▰ Während die afghanische Situation, so tragisch und kompliziert sie auch sein mag, leicht zu verstehen ist, muß ich sagen, daß ich mit Pakistan, das eine Masse aus Widersprüchen zu sein scheint, nicht zurechtkam. Die vier englischsprachigen Zeitungen, die wir jeden Morgen lesen, während wir unter den Bäumen frühstücken – beobachtet von den Hotelkatzen, Krähen und irgendeiner Geierart –, schildern ein Land von Krisen und Aufständen. Jede neue Ausgabe enthält verzweifelte Artikel über den Zustand der Nation, aber was wir in den Zeitungen lasen, spiegelte sich nicht in den Menschen, die wir trafen, oder in dem Leben, das wir beobachteten. Der prominenteste Charakterzug der Pakistani scheint eine unerschütterliche, gutmütige Indolenz zu sein. Charme. Sie sind ein charmanter Haufen. Charme quillt aus freundlichen braunen Augen, aus lächelnden Mündern, aus ihren Gesichtern. Charme ist die Qualität, die tausend Transaktionen erleichtert, die anders nicht zuwege zu bringen wären. Wenn man denkt, daß es wirklich keine Hoffnung mehr gibt auf diesen Passierschein, jenes Ticket, einen Termin, dann greift der Charme rettend ein: unendliche Reserven von Gutmütigkeit. Eine Nation von Charmeuren! Wie ist das möglich? Nachfragen bei pakistanischen Freunden, als ich wieder zu Hause war, brachten nur zynische Bemerkungen hervor, aber ich ziehe es vor, unaufgeklärt zu bleiben. Schließlich bin ich nicht dorthin gefahren, um Pakistan zu studieren.

Ich fragte aber, wo immer ich war, die Leute nach ihrer Meinung zu Benazir Bhutto. Man möchte annehmen, daß in einer Nation, in der der Schleier der Frauen ein so umstrittener Punkt ist, irgend jemand einfach sagen würde: »Sie ist eine Frau!« Überhaupt nicht! »Sie ist zu jung«, sagen sie. »Zia ist viel zu sehr der alte Fuchs für sie.« »Sie ist nichts weiter als eine sowjetische Agentin.« »Sie wird ein gutes Mitglied der Opposition sein, wenn sie mehr Erfahrung gesammelt hat.« Aber nie: »Sie ist eine Frau.«

██████████████ Wir hatten viel Zeit, um unter den Bäumen herumzufaulenzen oder abends auf dem Rasen zu sitzen und den Mond anzusehen. Wir saßen herum. Wir saßen. Die Dinge laufen nun einmal so in Pakistan, langsam, unvorhersehbar, nervenaufreibend. Verabredungen werden gemacht – sie werden nicht gebrochen, aber sie passieren einfach nicht. Leute erscheinen nicht zur festgesetzten Zeit, sie kommen überhaupt nicht. Komplizierte Abfolgen von Dingen, die in der Art des Westens geplant werden, das heißt im vollen Vertrauen darauf, daß sie eintreffen werden, beginnen nicht einmal. Schon nach drei oder vier Tagen sagten wir jeden Abend: »Und was *glauben* wir, wird morgen passieren?« All die erfahrenen Leute, die wir trafen, die Ärzte aus dem Westen, die Pakistani ausbildeten, die Leute, die in den Krankenhäusern arbeiteten, die Leute von den Hilfsorganisationen hatten sich einen wachsamen, defensiven Humor zugelegt, erkennbar eine Abwehrmaßnahme gegen Hysterie: »Wissen Sie, die Bürokratie hier ist . . . «
Ich hätte keine Lust, mich über längere Zeit damit herumzuschlagen.
Das Element, das uns vielleicht am meisten frustrierte,

war die Schwierigkeit, die Männer genauso detailliert und farbig zum Reden zu bringen wie die Frauen. Das deutet auf einen Unterschied zwischen ihnen und uns hin, der für uns, die wir alles auf einer sehr persönlichen Ebene begreifen, nicht unbedingt schmeichelhaft ist. Vor mir liegen Notizen von einem Gespräch mit einem Mudschahedin-Führer. Wir hatten den ganzen Nachmittag darüber gesprochen – natürlich –, warum der Westen ihnen nicht half; über die Russen, über die verschiedenen nationalen Eigenheiten der westlichen Länder. (Zum Beispiel die Franzosen – hysterisch und emotional, aber sie haben viel getan, um zu helfen; die Amerikaner – Händler, aber ohne langfristiges Verständnis ihrer wirklichen Interessen; die Briten – zum Teil imperialistisch, zum Teil Händler; die Schweden – sehr aufrichtig und fleißig; die Russen – alles Imperialisten.) Mitten im vertrauten Vortrag über die Arroganz der Mullahs sagte er etwas, das auf ein ungewöhnliches persönliches Erlebnis hinwies. Daraus entwickelte sich die folgende Unterhaltung.

»Sie sagen, Sie haben die afghanische Armee einfach verlassen, um sich den Mudschahedin anzuschließen?«

»Ja.«

»Aber wie geschah das?«

»Na ja, es war nicht so einfach, den richtigen Zeitpunkt zu wählen. Sie beobachteten uns die ganze Zeit, also gingen wir, sobald wir konnten.«

»Ja, aber wie genau ging das vor sich?«

»Wir nahmen uns ein paar Panzer und verschwanden.«

»Bitte verstehen Sie, die Menschen im Westen werden fasziniert sein von dieser Geschichte.«

»Ja, aber wir erzählen Sie Ihnen doch immer wieder! Berichten Sie ihnen, daß Scharen von Afghanen die afghanische Armee verlassen, um mit den Mudschahedin zu kämpfen.«

»Ja, ja, ich weiß, aber erzählen Sie uns bitte genau, was geschah.«

»Was wollen Sie hören?«

»War es Nacht, als Sie aufbrachen?«

»Was? Ja, natürlich war es Nacht. Wir kämpfen nachts, also müssen die Russen das auch tun. Wenn uns nicht nach Schlafen zumute ist, dann müssen die Russen auch wachbleiben.«

»Und in der Nacht?«

»Wir hatten einen Boten zu den Mudschahedin gesandt, der ihnen ankündigte, daß wir uns ihnen anschließen wollten. Es sollte einen Angriff auf ihre Stellungen geben, und wir sagten ihnen das. Sie schickten eine Botschaft, die sagte, daß wir so tun sollten, als griffen wir an, und dann zu ihnen überlaufen. Also taten wir das.«

»Das klingt so leicht.«

»Das war auch leicht, weil wir es vorher geplant hatten.«

»Wurde jemand getötet?«

»Ja, viele Russen, nicht so viele von uns.«

»Wenn Sie sagen, Sie sandten Botschaften an die Mudschahedin und die Botschaften an Sie, wie lief das?«

»So viele Leute in der afghanischen Armee arbeiten für die Mudschahedin, daß wir immer wissen, was sie tun, und sie wissen, was wir tun.«

96

»Sie sagten, daß einige von Ihnen fielen?«

»Ja.«

»Wurden auch welche verwundet?«

»Ich wurde am Arm verwundet. Der Mann neben mir starb.«

»Und dann?«

»Ich kam in eine Klinik der Mudschahedin in Peshawar, und nach ein paar Wochen ging ich zurück, um in der Umgebung von Kabul zu kämpfen.«

▆▆▆▆▆▆▆▆▆▆▆▆ Einige Leute, die Peshawar verlassen, haben das Gefühl, einer Art Casablanca entkommen zu sein. Ich für mein Teil war dankbar, ohne Schaden dem Verkehr entronnen zu sein. Da ich in Rhodesien aufgewachsen bin, wo Geschwindigkeitsbegrenzungen oder Verkehrsregeln als Angriff auf die persönliche Freiheit betrachtet wurden, dachte ich, ich hätte in dieser Hinsicht alles gesehen. Nach dem Sonnenuntergang waren die Straßen damals mit Tausenden von Fahrrädern vollgestopft, alle ohne Licht. Salisbury bekam seine erste Verkehrsampel (unter sarkastischen Jubelrufen) am Ende des Zweiten Weltkrieges. Peshawars Verkehr ist wie die *rush hour* von Paris, nur etwa viermal so schlimm und kompliziert durch Eselkarren und über die Straßen wandernde Ochsen und Kühe. Fahrräder, oft mit mehreren Menschen besetzt, sind meist ohne Beleuchtung. Es gibt Autos aller Machart, und die Busse der Gegend sind enorme Blechdosen, dekoriert mit Sprüchen, Bildern von Filmstars, Zitaten des Koran. Außerdem gibt es die ganz besonderen Beiträge des

Subkontinents zur internationalen Mobilität; in Minia-
turtaxis verwandelte Motorräder, die – gegen alle Ver-
bote – bis zu fünf Personen befördern und einem die
Knochen zerschlagen. Alles lehnt ständig auf der Hupe,
es wird offenbar nach Gehör, nicht nach Sicht gefahren.
Auch die kürzeste Fahrt besteht aus einer Serie von Bei-
nahe-Katastrophen. »Aber man bekommt einen sech-
sten Sinn«, sagte ein pakistanischer Freund fröhlich und
kurvte überall unter den Nasen von Tieren und größeren
Gefährten herum. Man mußte wirklich beschließen,
nicht hinzusehen. Es war besser, dem Tod unvorbereitet
zu begegnen. In jeder Stadt fühlt man sich von dem
eingeschlossen, was für sie charakteristisch ist; und nach
ein paar Tagen in Peshawar hatte ich das Gefühl, daß
die ganze Welt aus einem gefahrbringenden Netz von
Straßen bestand, ein Nebel aus Staub und Abgasen –
Staub überall, gemischt mit dem Geruch des Benzins
und Diesels, er füllte einem die Nase, legte sich auf die
Haut und in das Haar.

In den Gärten des Dean's Hotel lag der Verkehr auf der
anderen Seite der Hecken, die allerdings den Lärm nicht
fernhalten konnten. Der Smog verhüllte die Sterne, nur
die hellsten waren zu sehen. Dies war nicht die niedrige,
brillante Fülle, die man von einem südlichen Nachthim-
mel erwartet, der die menschlichen Aufregungen unbe-
deutend erscheinen läßt, sobald die Sonne gesunken ist.
Im Gegenteil, die Menschheit setzte sich noch über den
staubigen Lichtern der Stadt durch: Rot und Gelb schießen durch den düsteren Himmel, und man denkt ›Feuer-
werk‹, bis man feststellt, daß es Leuchtraketen über

dem Parachinar-Tal sind, wo sich gerade irgendein ›Zwischenfall‹ zuträgt. Man sitzt da und wartet auf weitere Leuchtraketen oder auf das Feuer von Kanonen. Staubige Sterne, Staub auf den Sträuchern und den Veranden: Staub von den Autos, die in das Hotel herein- oder aus ihm herausschießen; staubiger Schweiß, gegen den nur mehrere Duschbäder am Tag helfen.

Eine staubige Landschaft, eine Landschaft aus Erde – das hatte ich schon bei der Ankunft mit dem Flugzeug gesehen, und nun umgab sie mich.

Aber das war, bevor ich angefangen hatte, zu Fuß zu gehen. Nach ein paar Tagen hatte sich unser Besuch in Herumsitzen, unterbrochen von hektischen Aufbrüchen, verwandelt, und ich wußte, daß ich das nicht aushielt, daß ich beginnen mußte, zu Fuß zu gehen. Ich und Sandy Sheils, die auch eine Wanderin war, hatten eine Verabredung um halb sechs Uhr morgens, und wir gingen die noch leeren Straßen entlang. Dadurch erst sahen wir, wie viele Bäume es hier noch gab. Aber wir waren in die falsche Richtung gegangen. Als wir eine Zeitlang an einem stinkenden Graben entlanggewandert waren, gaben wir auf, aber am nächsten Morgen gingen wir in die richtige Richtung. Wir stießen auf alte Baracken, die die Briten damals für Armeepersonal gebaut hatten – natürlich ohne jedes Abwassersystem. Wo blieben die Abwässer? Es war besser, nicht danach zu fragen. Die Häuschen sahen sehr hübsch aus mit Vorgarten und Hof, in dem man Tee trinken und plaudern konnte; als wir dort eine Familie besuchten, stellte ich mir eine britische Familie vor, der meinen ähnlich. Die Hausfrau wie meine Mutter, immer energisch im Kampf mit Staub, der Hitze, den Fliegen und – natürlich – dem Mangel an sanitären Anlagen. Über Kermanshar, dem Ort, an dem ich geboren wurde, sagte sie immer: »Die Diener warfen Abfall und Kot am frühen Morgen einfach hinaus, und bis Mittag war alles völlig trocken, man konnte nicht einmal mehr sehen, wo es geblieben war.« Geblieben war es natürlich im Staub, der überall in der Landschaft herumgeweht wurde. Man kann sich leicht vorstellen, wie solche Hausfrauen, sobald sie wieder in England waren, von ihren Erlebnissen sprachen; halb erleichtert, daß der einsame, staubige Kampf vorüber war, halb gequält von einem Leben, das sie nicht voll mitgelebt hatten: das wirkliche Leben ihrer Diener und der Soldaten, für die ihre Ehemänner verantwortlich waren. Denn natürlich hatten sie nur offizielle Kontakte, niemals mit Familien, niemals mit einem Eingeborenen. In dem Haus, in dem wir zum Tee eingeladen waren, gab es einen großen, schattigen Wohnraum voller Fotografien; unter der Decke hing, alles beherrschend, ein sich langsam drehender Ventilator, an der Wand ein Tigerfell – ein berühmter menschenfressender Tiger, über dessen Taten wir im Detail aufgeklärt wurden. Teppiche aus Afghanistan und Pakistan; jede Art von Wandschmuck, Spitzenvorhänge. Es war die Kombination des Exotischen mit der gemütlich-häßlichen Lebensart der Briten, die man in hunderttausend Restaurants überall in Großbritannien findet. Es gab auch einen Diener, der aufmerksam und voller Verantwortung Kuchen und immer noch mehr Kuchen reichte, köstliche aufgeschnittene Früchte, und sein scharfes, tadelndes Auge erinnerte mich wieder an meine Mutter, wie sie lachend sagte: »Und ich mußte sehr darauf achten, was ich vor den Hausdienern sagte, das kann ich Ihnen sagen! Wenn ich mich gehen ließ, konnten sie ihr Mißfallen sehr deutlich machen. Ich mußte es lernen, mit ihnen fertig zu werden.« Das Haus, in das wir eingeladen worden waren, gehörte zu denen, die von den besser verdienenden Pakistani bewohnt werden, aber der Geist des Raj geht hier noch immer um. Unser Gastgeber war während zweier Kriege in der britischen Armee gewesen. Er ist immer noch Soldat, verfolgt die Nachrichten von den Kämpfen in Afghanistan und kritisiert oder lobt die Operationen im Land. Er wäre auch gerne dort...

Es gibt hier Vorstädte voller attraktiver Häuser mit Bäumen und Gärten: Peshawar breitet sich weit über eine Ebene aus, ist ziemlich großräumig. Wenn man nach einer Adresse sucht, befindet man sich in einer Minute in einer Straße ornamentaler Tore zu großen Villen, und in der nächsten steht man vor einem kleinen Maisfeld, daneben wühlen ein paar fette Ziegen in großen Komposthaufen herum. Geht man um eine Ecke, ist man wieder im Land der Villen.

▬▬▬▬▬▬ In Peshawar kann man nie vergessen, daß Gebäude so kurzlebig sind wie Menschen. Es liegt nicht nur am Kontrast mit dem behäbigen London, wo die Gebäude so tief in der Erde wurzeln, daß sie einen an die Ewigkeit denken lassen: in Südafrika habe ich Dutzende von kleinen Städten und Dörfern gesehen, die genauso flach auf der Erdoberfläche lagen, aber sie erwecken nicht in gleichem Maße das Gefühl der Vergänglichkeit. In Peshawar gibt es nur einige wenige moderne Hochbauten, Gott sei Dank: sie sind hier so häßlich wie überall. Neue Gebäude werden meist den älteren nachgebaut, so daß eine neue Schule, die zwei oder drei Stockwerke hoch ist, noch eine luftige Grazie besitzt, weil ihre Bögen und Ornamente an die Zeit der Moguln erinnern. Ein neues Gebäude sieht häufig schon von der Zeit angegriffen aus, weil es hier und dort einen dunklen Fleck auf dem unteren Teil einer weißen Mauer trägt, als griffe die Erde nach ihm. Vor allem aber erscheinen alle Gebäude hier, nicht nur die Lehmviertel der Flüchtlinge, provisorisch, haben den Charakter des Vorübergehenden. Es ist, als wären sie nur gebaut, um sofort wieder zu verfallen. Zugleich ist das auch der Zauber dieses Ortes, seine Faszination: »Asche bist du, und zu Asche sollst du wieder werden«, sagt die Landschaft. Es ist ein Paradies des Ökologen.

Wir wurden aus der Stadt hinausgefahren, um die Familie eines Mudschahedinführers zu besuchen, der unser Freund geworden war. Die Route führte zunächst durch die gewöhnlichen Straßen von Peshawar, an denen die leichten, eleganten Ziegel- oder Lehmgebäude standen, weißgestrichen oder auch nicht, manchmal fleckig oder abblätternd und rissig. Die großen Märkte von Peshawar entsprechen allen Erwartungen, mit denen man mittelalterlichen, orientalischen Märkten entgegenblickt:

ein Labyrinth von kleinen Gassen und Höfen voller kleiner Stände und Läden. Dieselbe Art der kleinen Geschäfte säumt die Straßen, die aus Peshawar hinausführen. Sie sind aus Lehm gebaut und tragen jede denkbare Art von Dach: Reet, alte Zweige, gelbes Stroh, oder Bretter, auf die helle körnige Erde gehäuft ist; darauf wächst Unkraut und Gras. Die Stände bieten Obst, Gemüse, Fleisch und jede Art von Gebrauchsgegenständen zum Verkauf an. Die Männer, viele von ihnen Afghanen, sitzen im Eingang, beobachten, wie die Welt an ihnen vorüberrollt, oder liegen auf Lagern, die aus Stangen und Band gemacht sind, außerhalb ihrer Läden. Manchmal kommen Freunde, und dann sitzen die Männer in Gruppen zusammen und reden und starren auf die Autos und den Verkehr, den mörderischen Verkehr von Peshawar. Wenn man weiter fährt, sieht man immer mehr Mudschahedin, viele von ihnen jetzt bewaffnet, weil sie auf dem Weg nach Afghanistan sind. Hunderte von ihnen, dann Tausende, und dann scheint es, als gäbe es nur noch Mudschahedin. Unter den Männern geht ab und zu eine Frau. Man muß genau hinsehen, wenn man sie erkennen will: ihre Kleidung und ihr Gang sind auf Unsichtbarkeit angelegt. Eine Frau in einer Bhurka hat interessanterweise einen freieren, entspannteren Gang als eine verschleierte Frau. Eine Bhurka verhüllt von Kopf bis Fuß; sie legt sich eng um den Kopf, läßt einen Schlitz für die Augen, weitet sich dann und umgibt fließend den ganzen Körper. Die Frau in diesem Gewand bewegt sich in einer anderen Welt. Sie beobachtet, ohne gesehen zu werden, wirklich unsichtbar. Es ist klar, daß die Bhurka für jede Art gefährlicher oder zwielichtiger Transaktion benutzt wird. Die Beamten an den Grenzen zwischen Pakistan und Afghanistan sehen auf die Hände und Füße: ist dies ein Mudschahedin oder ein Journalist, der versucht, nach Afghanistan hineinzukommen? Eine Frau in einem Schleier – das heißt, mit einem Tuch, das Mund und Nase verdeckt und nur die Augen offen läßt – nimmt einen verstohlenen, verschlagenen Ausdruck an. Es ist schmerzlich zu sehen, wie eine Frau, mit der man gesprochen hat, ein menschliches Wesen, sich so verändert.

Als ich wieder in London war, wickelte ich mir einen Schleier um den Kopf. Nur meine Augen blieben sichtbar. Ich ging so einen ganzen Tag durch die Straßen; ich war unsichtbar geworden. Mit einem Blick wußten die Leute, daß der Schleier sagte: ›Ich will nicht angesehen werden‹, und ihre Augen gingen über mich hinweg. Sie lassen keinen Blickkontakt zu, sehen einem nicht in die Augen. Bald merkte ich, daß meine Augen versuchten, sich bemerkbar zu machen: in einem moslemischen Land wären sie betont geschminkt gewesen. Mir wurde klar, daß ich mich gewöhnlich im Bus, in der U-Bahn oder auf dem Bürgersteig darauf verlasse, daß mein Gesicht bestimmte Botschaften durch ein Lächeln oder einen Blick vermittelt, aber jetzt war das Lächeln unsichtbar, der Mund versteckt. Wenn der Mund bedeckt ist, wird man sich seiner sehr bewußt, er scheint bald etwas Verbotenes zu sein, etwas Unschönes, etwas, für das man sich schämt, etwas Erotisches, das verborgen werden muß, sogar etwas wie eine Wunde. Ich begann mich zu fragen, welche Art oraler Fixierung oder Besessenheit wohl zuerst das Bedecken des Mundes erzwungen hatte – das nirgends im Koran oder vom Propheten erwähnt wird. Irgendwann in der frühen Geschichte des Islam muß es eine obsessive Autorität gegeben haben – wie Paulus im Christentum –, die Frauen mit Jahrhunderten von Verboten quälte und demütigte und nicht von den Religionsgründern ausgegangen sein konnte. Liberale Moslems sagen, daß es viele Textstellen im Koran gibt, aus denen eine Gleichberechtigung der Frau hervorgeht, Stellen, die zur Grundlage einer Reform des Islam dienen könnten. Zum Beispiel heißt es: »Frauen sind die Zwillingshälften der Männer«; »Das Paradies ist unter den Füßen deiner Mutter«; oder »Was einer Frau Eigentum ist, darf ihr nicht genommen werden«. Auf der Basis dieser letzten Stelle etablieren sich moslemische Frauen heute bereits als Geschäftsfrauen. Hilfreich ist auch, daß Mohammeds erste Frau eine erfolgreiche Handelsfrau war. Warum müssen wir uns überhaupt darum kümmern, was darüber vor so vielen Jahrhunderten gesagt wurde? Offensichtlich gibt es etwas im Mechanismus des menschlichen Geistes, das diese Beschäftigung fordert. Einmal im Jahr werden die schiitischen Moslems zu Flagellanten, reduzieren sich selbst auf die halbbetäubte Idiotie der Selbstverstümmelung, weil Mohammeds Enkel im fünften Jahrhundert (des christlichen Kalenders) ermordet wurden. Einige Mitglieder unserer Gruppe sahen, wie ein paar dieser Flagellanten blutbedeckt ins Krankenhaus eingeliefert wurden, voller Wunden, die sie sich selbst mit Eisenruten und Ketten zugefügt hatten; sie sahen aus (so sagte ein Moslem in unserer Gruppe) wie der vom Kreuz genommene Christus. Die Christen selbst streiten endlos über die Deutung von Texten im Alten und Neuen Testament. Kürzlich hörte ich einen gewitzten und klugen Vortrag darüber, daß die Religion nach St. Marx sehr leicht etwas ganz anderes sein könnte als das, womit wir uns nun herumschlagen müssen; es ist nur eine Frage der Textauswahl.

Die Menschen lieben Autoritätsgestalten, auch wenn wir versuchen, so zu tun, als wäre es nicht so. Die Älteren unter uns erinnern sich vielleicht daran, wie vor kurzem die Worte St. Freuds von gewissen seiner Jünger zum Dogma erhoben wurden. Zum Glück sieht es so aus, als sei diese Religion im Keim erstickt worden.

Es gibt sicherlich etwas in den Frauen, das dazu neigt, sich zu Gefangenen machen zu lassen. Kürzlich erst haben wir gehört, daß Gruppen von moslemischen Frauen behauptet haben, sie fühlten sich »frei«, wenn sie den Schleier trügen. Warum nicht? Wenn es sie glücklich macht? Aber sie sollten ihren Entschluß nicht anderen aufzwingen. Im Iran streiften Banden orthodoxer Frauen durch die Straßen und suchten nach »Schwestern«, die vom Pfad der Tugend abgewichen waren und eine Spur Lippenstift oder eine freie Haarsträhne zeigten. Wenn sie eine fanden, zogen sie ihr die Fingernägel über die Lippen, rissen an ihrem Haar, schlugen sie und nannten sie »Hure«. Es sind – leider – nicht nur die Männer, die Frauen einkerkern.

Die Straße war immer noch verstopft von den großen

glitzernden Bussen, von den Motorrädertaxis und den Autos. Aber nun vermehrten sich die Ochsen- und Eselkarren. Und plötzlich ist man mitten in einer fruchtbaren, blühenden Landschaft von Feldern, Bäumen, Bewässerungsgräben, Teichen und Bächen. Jeder Zoll kultiviert. Am Rand der Straße grasen zufriedene Büffel, oder sie werden von halbnackten Jungen zu einem Teich geführt, um zu baden. Die Kühe sind glatt, die Esel gutgenährt. Ich sah keine vernachlässigten oder mißhandelten Tiere. Sogar die Hotelkatzen sahen fett aus – vielleicht, weil man vom Propheten überliefert hat, daß er Katzen liebte. An einer Stelle wurde die Straße repariert: nachlässig verschleierte Frauen trugen Erde in flachen Körben. Etwa eine Meile lang saßen Männer am Rand der Straße, die mit Hämmern Steine bearbeiteten. Sie trugen alle Schutzbrillen, was ihnen das Aussehen von Gelehrten gab. Auch die Finger waren durch kleine Schilde geschützt. Diese Steinmetzen saßen, ruhig vor sich hin meißelnd, im Schatten von Flechtwerk oder Tüchern, die wie kleine Segel wirkten. Wir sahen eine Reihe von Friedhöfen voller schmal und scharf hervorspringender Steine, die aussahen wie in die Erde gesäte Zähne. Manchmal galten diese Grabsteine den Mudschahedin, und dann waren die Friedhöfe wie Schiffe, die vor einem Hang entlangsegelten – mit ihren hundert heiteren kleinen Bannern, fast alle grün.

Allmählich wandelte sich diese üppige Landschaft, wurde trockener, steiniger. Die Straße, noch immer gesäumt von Ständen, war fest vollgepackt mit Fahrzeugen, Menschen, Tieren. Mehrmals mußte unser Taxi halten, und wir waren sofort umringt von starrenden, manchmal grinsenden Männern: wir waren Frauen, unverschleierte Frauen, westliche Frauen. Kleine Jungen riefen: »Hello, how are you?«, um zu zeigen, daß sie in der Schule Englisch gelernt hatten, und ernste bärtige Männer in Turbanen wiesen sie zurecht. Aber sie kümmerten sich nicht darum und liefen lachend neben dem Wagen her. Oft sahen wir das Gesicht der Nuristani, für Menschen aus dem Westen immer ein Schock, denn es ist sehr westlich mit einer geraden, manchmal sogar aufgeworfenen Nase, blauen oder grünen Augen, hellem Haar, manchmal Sommersprossen. Man muß sich zwingen, nicht hinüberzurufen, wie zu einem Landsmann. Es gibt eine Theorie, daß die Engländer, die Angeln, von hierher kamen. Ein Teil des Stammes der Nuristani wanderte angeblich bis an den Rand der Welt, nach England, immer auf der Suche nach Weideland, Hunderte von Jahren lang. Na ja, hier könnte man es fast glauben. Bald bogen wir im scharfen Winkel von der Straße ab auf einen Pfad und befanden uns fast unvermittelt in einer Wüstenlandschaft. Alles war roter Staub, steinig, rauhe Rinnen und Grate, und überall sanken alte Gebäude langsam zur Erde zurück, die Reste alter Hütten standen wie Stummel als glänzende rote Wucherungen gerade noch über dem Boden. Der Staub erfüllte die Luft, selbst der blaue Himmel war von ihm verschleiert. Hier gab es Ziegeleien – der Ziegel ist eine erste feste Form des Staubs. Da und dort stand ein Zelt, meist unter einem einsamen Baum oder neben einem Busch; eine Wohnstätte für eine afghanische Flüchtlingsfamilie. Diese Zelte waren häufig auf dem Weg zum Haus: nur das Dach ist noch aus Zeltplane, unterhalb derer Lehmwände aufgerichtet sind, zwei, drei oder mehrere Fuß hoch. Sie sind rot vom Staub; die wenigen Bäume sind staubig. Kein Grün; eine Viehherde wird in Eile über die rote Ebene getrieben auf Weideland zu, das hinter dem Horizont liegt. Die fruchtbare Landschaft ist nur sieben oder acht Kilometer entfernt, aber es ist nicht einfach, sie sich hier vorzustellen. Der rote Staub zieht sich weithin bis an eine Linie grüner Hügel, die schon direkt unter dem Vorgebirge des Himalaja zu liegen scheinen: Kilometer von Staub, Erde, Stein.

Ein niedriger Erdwall, kilometerlang, verläuft in einer weiten Kurve an der einen Seite der Ebene. Dahinter liegt ein Mudschahedin-Lager, das einer der politischen Parteien gehört. Gruppen von Mudschahedin wandern über die Staubebene und verschwinden hinter dem Wall. Hier ist jetzt jeder bewaffnet. Der lange glatte Wall vor dem blauen Himmel erinnert mich an Teile von Spanien – die Grandeur, die Verlassenheit. Aber hinter dem Wall laufen Schwärme von Bewaffneten herum, Tausende. Diese Landschaft erscheint nur leer.

Bald darauf erreichten wir ein kleines Dorf aus jenen Lehmhütten, die die Flüchtlinge sich bauen, und nun bahnte sich eine der Verwirrungen an, die hier unvermeidlich erscheinen. Wir sind eingeladen worden, um den Kommandeur und auch seine Familie zu treffen. Wieder war uns versichert worden, es sei erlaubt, seine Frauen zu filmen. Aber er war nicht da: seine Adjutanten wußten nicht, wo er geblieben war; er war schon drei

Tage ohne Nachricht fort. Er war zu den Kämpfen im Tal gestoßen, glaubten sie. Seine Mutter und seine Frau machten sich große Sorgen. Am nächsten Tag tauchte er auf, entschuldigte sich, erklärte aber nicht, wo er gewesen war.

Die Adjutanten wußten nichts davon, daß die Familie gefilmt werden sollte. Wieder brachte man uns drei Frauen in die Frauenräume, während die Männer vorne im Zimmer für den männlichen Besuch sitzen mußten.

Diesen Frauen ging es viel besser als den meisten anderen, die wir besucht hatten: sie hatten Platz. Eine große Lehmmauer schloß einen geräumigen Hof ein. Drei Pferde fraßen von den Maisstengeln, die wir auch an der Straße oft als Futter gesehen hatten. Hühner liefen umher. In einer Nische der Mauer lag ein kleiner Garten mit Jasminbüschen und Rosen. Trocken, staubig, aber ein Garten. Die beiden jungen Frauen, die Frau des Kommandeurs und die seines Bruders, waren schwanger, stillten Babys und hatten bereits ein älteres Kind. Die beiden älteren Kinder spielten mit einem Rebhuhn-ähnlichem Vogel in einem geflochtenen Käfig. Es war ihr Schoßtier und hatte kein einfaches Leben. Die beiden jungen Frauen sind Schönheiten eines bestimmten afghanischen Typus: sie haben herzförmige Gesichter mit breiten Wangenknochen, vollen sinnlichen Mündern mit einer kurzen Oberlippe, so daß sie fast immer ihre weißen Zähne zeigen. Die großen grünen Augen, frei, direkt und offen, sind um Welten von den dunklen, geheimnisvollen Augen der Pakistani, ihrer Nachbarn, entfernt. Sie gehen und halten sich wie Bergfrauen.

Eine alte Frau bestimmt hier alles, sie ist die Mutter des Kommandeurs, sechzig Jahre alt. Sie ist furchteinflö-ßend. Wir haben uns noch nicht gesetzt, da wirft sie ihr Gewand hoch, um uns ihren nackten Bauch zu zeigen. Er ist angeschwollen. Sie hat ein Geschwür. Es tut nicht weh, sagt sie, ist aber auch nicht zu operieren. Sie geht in eine Klinik, die von Ärzten geführt wird, die aus Kabul geflüchtet sind, aber sie haben kaum Medikamente.

Von einer Reihe von Leuten, die mit dem Islam vertraut sind, haben wir gehört, daß ein Mann, der in die Kategorie ›privilegierter Freund‹ fällt, auch die Frauen in Purdah, in den Frauengemächern, besuchen darf. Sie sind für ihn eine Art von Schwestern geworden, als sexuelle Wesen undenkbar. Sie behandeln ihn mit der gleichen Vertrautheit wie die Männer ihrer Familie, laufen nicht nur unverschleiert herum, sondern oft auch nur halbangezogen, ohne Verlegenheit.

Wir fragten die beiden jungen Frauen, ob Nancy und Saira sie filmen dürften, aber sie sagten, ihre Ehemänner seien nicht da, um das zu erlauben. Die alten Frauen und die Kinder ja, das sei etwas anderes.

Die beiden Familien leben in zwei nicht sehr großen Räumen, die eine Veranda verbindet. Matten bedecken den Fußboden. Die Wände sind aus Zement, unbemalt. In einer Ecke liegt ein riesiger Haufen Bettzeug, fast bis zur Decke getürmt, daneben gibt es die üblichen Matratzen an den Mauern entlang, bedeckt mit bunten

Tüchern. Die Frauen tragen hübsche bunte Kleider, Ohrringe, Halsbänder, Armreifen.

Das ist alles sehr billiger Schmuck aus Glasperlen und Plastik. Als der Krieg begann, nahmen die afghanischen Frauen ihren guten Schmuck ab, alles, was irgendeinen Wert hatte, und übergaben ihn den Kampfgruppen, damit sie im Ausland Waffen kaufen konnten. Packtiere, beladen mit Schmuck, wurden über die Berge in die Lager von Pakistan getrieben. Frauen, die als Flüchtlinge in diesen Lagern ankamen, hatten meist keinen Besitz mehr: was sie noch hatten, war verkauft worden, um etwas zu essen zu bekommen. Die Bazare von Peshawar sind voll von den Halsbändern, Armreifen und Ohrringen der Frauen von Afghanistan. Ich kaufte ein Halsband: einundzwanzig kompliziert gearbeitete Kupferanhänger, auf eine Brokatborte genäht. Es hat dieses intensiv private, persönliche Aussehen eines Gegenstands, der viel getragen wurde. Das Halsband wird dicht um den Hals gelegt, zu einem einfachen Kleid sieht es sehr elegant aus. Es liegt auf einem Tisch in meinem Zimmer und scheint meine Augen wie magisch anzuziehen. Vergiß mich nicht, sagt es.

Sie boten uns immer wieder Tee an, und wir lehnten dankend ab, denn dies bedeutete, daß sie keinen Tee hatten; wenn sie welchen gehabt hätten, wäre er einfach erschienen. Es gab auch nur wenig zu essen, wenig Spielzeug für die Kinder. Die alte Frau redete fast allein, lebhaft, kraftvoll, voller Selbstvertrauen. Wenn ihre Söhne in den Kampf gehen, lassen sie ihre Kinder unter ihrer Obhut, nicht unter der ihrer Frauen.

Ihre Geschichte beginnt natürlich wieder mit: »Und dann bombardierten uns die Russen und zerstörten unsere Felder, und wir kamen über die Berge... « Ihr Leben hier, sagen sie, ist langweilig und ärmlich. Zu Hause hatten sie alles, alle waren glücklich in Afghanistan vor Der Katastrophe! Jetzt sitzen sie unablässig in diesem Lager, können es nicht verlassen. Wo sollten sie hin? Und sie haben nichts anzuziehen, die Kinder haben nur, was sie am Leibe tragen, kleine Baumwollkleider und Hemd und Hose. Und bald kommt der Winter.

»Außerdem fühlen wir uns hier, mitten unter den Mudschahedin, sicher. In Peshawar werden Leute vom KHAD umgebracht, von den Russen.«

Wir fragten auch wieder nach den Kämpferinnen. Hatten sie etwas davon gehört, gab es sie?

»Oh ja«, sagte die alte Frau sofort. »Eine kämpft in der Nähe von Herat.« (Sie selbst kam aus Herat, hatte dort geheiratet.)

»Diese Anführerin nennt sich Marjam. Sie war das einzige Kind ihres Vaters, der ihr sagte: ›Ich habe nur ein Kind, keinen Sohn, also mußt du in den Heiligen Krieg ziehen.‹ Er band ihr seinen Patronengürtel um, und seine Männer akzeptierten sie. Sie ist berühmt. Sie ist so tapfer wie ein Mann. Sie hat einmal gesagt: ›Wenn ich einen Mann finde, der so tapfer ist wie ich, werde ich ihn heiraten.‹ Aber sie ist schon fünfunddreißig Jahre alt, und natürlich kann sie nicht heiraten, bis der Krieg vorüber ist. Sie ist sehr klug, diese Kommandeurin. Einmal, als sie wußte, daß die Russen kommen würden, ließ sie die Dorfleute Kühe und Hühner über die Brücke treiben. Die russischen Soldaten werden schlecht versorgt, und sie wußte, daß sie anhalten würden, um die Kühe und Hühner einzufangen. Als sie ihre Panzer verließen, wurden sie alle von Marjams Leuten erschossen. Ein anderes Mal kamen die Russen, und sie sagte zu ihnen: ›Kommt herein, ihr seid meine Gäste, setzt euch nieder.‹ Sie setzten sich, und sie und ihre Soldaten gossen Benzin um das Zelt herum aus und setzten es in Brand, und die Soldaten starben in den Flammen. Und es gibt noch eine zweite Führerin in Panjshir, ich habe von ihr gehört.«

Diese Frau sagte, daß zweitausend Menschen ihres Stammes in Herat umkamen; sechsundzwanzig durch Napalm, während sie beteten. »Herat trägt weiß«, sagte sie. (Das bedeutet, daß man bereit ist zu sterben, weil man bereits das Leichentuch anlegt.) »Warum klagt niemand in der Welt die Zerstörung von Herat an? Es war so schön, und nun liegt es in Trümmern. Warum laßt ihr zu, daß die Russen sich betragen wie die Wilden? Und auch Paghman ist dem Erdboden gleich, nichts ist von ihm geblieben, und es war so schön.«

Ich muß eingestehen, daß ich, als ich mit den Frauen so freundlich und gesellig in Wänden saß, die die Welt draußen hielten, umgeben von tapferen, bewaffneten Männern, nicht umhin konnte zu denken: »Ach, warum überlassen wir es nicht alles ihnen?« Genauso hatte ich mich gefühlt, als ich fünf Tage im Middlesex Hospital in London verbracht hatte, beschützt und verwöhnt. Als ich entlassen wurde, konnte ich mir nicht vorstellen, daß ich jemals wieder mit diesem Verkehr, diesen Straßen, dem alltäglichen Kampf fertig werden würde. Dieser Zustand dauerte ein oder zwei Tage. Ich bin sicher, daß es einfach wäre, sich dem Leben in Purdah zu überlassen. Man würde sich bald kein anderes Leben mehr vorstellen können.

Aus einem albernen Grund entwickelte sich das Treffen mit den beiden Frauen der Kommandeure zu einer langwierigen Geschichte. Sie begannen, sich zu langweilen, und wollten zu ihren üblichen Arbeiten zurückkehren; wir wußten schon lange nicht mehr, worüber wir sprechen sollten, aber alle Kinder waren bei uns, und die Männer vorne konnten natürlich nicht zu uns kommen. Sie hatten auch kein Kind, das sie hätten hereinschicken können. Also blieben die beiden sitzen und dachten, wir amüsierten uns so, daß wir nicht gehen wollten. Schließlich fiel uns ein, ein Kind hinauszuschicken.

Wir verabredeten, daß wir wiederkommen würden, um sie, wenn die Männer zustimmten, zu filmen. Daraus wurde nichts. Anderes gelang, aber dieses nicht.

Von nun an fragten wir jeden Mudschahedin, den wir trafen, nach der Anführerin Marjam, aber sie lächelten nur höflich. Sie erzählten uns, daß Frauen den Mudschahedin die ganze Zeit über helfen: in den Städten halten sie sichere Verstecke vor den Russen bereit, sie tragen Munition und überbringen Botschaften, der Krieg wäre ohne die Frauen längst zu Ende. Aber eine Frau als Anführerin! Sie glaubten es keinen Augenblick. Aber wie sollten sie sie auch kennen, sie wäre ja ›unsichtbar‹ – wie eine Frau in einer Bhurka.

In der Geschichte Afghanistans gibt es Kriegerinnen.

Zum Beispiel eine Frau mit Namen Malali. Sie ist eine Heldin, überall findet man Denkmäler von ihr, Mädchen werden nach ihr genannt. In einer berühmten Schlacht bei Maiwan im Jahre 1882 drohte der britische General Burroughs zu siegen: die Afghanen waren die ganze Nacht marschiert und müde. Da beschimpfte sie das Bauernmädchen Malali als Feiglinge und ging vor ihnen her den britischen Linien entgegen. Sie wurde getötet, aber ihr Tod gab den Afghanen neue Kraft, und sie gewannen die Schlacht. Es ist interessant, daß sogar die Frauen in unserer Gruppe nicht an die Existenz Marjams glaubten. Genau wie die Mudschahedin lächelten sie in höflichem Unglauben und sagten: »Es ist schon genug, daß es einen Mythos gibt, den Mythos einer Frau.« Ich glaubte, daß es Marjam tatsächlich gab, da waren zu viele Details an der Geschichte, als daß es lediglich ein Mythos hätte sein können.

Seit einiger Zeit schon hatten wir versucht, in ein Lager zu kommen, das nicht zu jenen gehörte, in die die Pakistani gewöhnliche Besucher führten. Eines dieser ›Vorführlager‹, so hörten wir, hatte sogar ein Besucherbuch für VIP.

Am Tag, nachdem wir die Familie des Kommandeurs besucht hatten, der nicht aufgetaucht war, kam er und führte uns in dieselbe Wüstengegend zu einigen neu etablierten Lagern. Wir fuhren wieder, bis wir die grünen, fruchtbaren Felder, die Bewässerungsanlagen und das fette Vieh hinter uns ließen, durchquerten die Wüste mit ihrem Staub, ihren Steinen und ausgetrockneten Rinnen und felsigen Graten. Guten Boden für Flüchtlingslager gab es nicht mehr. Schlechtes Land, Wüste oder Gebirge ist nun alles, was ihnen bleibt.

Die Partei hatte Zelte geliefert, einige von ihnen alt und zerrissen. Sie standen verstreut im Staub, einige in der Nähe von ein paar Wüstensträuchern. Die Menschen, die hier lebten, waren vor sechs Wochen über die Berge aus Afghanistan gekommen. Es war sehr heiß gewesen, und zwanzig Babys und Kleinkinder waren auf der Flucht gestorben.

Einige der Zelte waren von niedrigen Wällen aus hartem Lehm umgeben, aber die meisten hatten nur ein wenig Sand aufgeworfen. In den Zelten leben die Einwohner auf der nackten Erde. Sie haben nichts außer einigen Kochtöpfen. Auch nicht viel an Lebensmitteln: ein wenig Mehl hing in Säcken von den Zeltstangen. Mehl und Salz. »Salz ist billig«, sagte der Kommandeur mit grimmigem Gesicht. Einmal am Tag kommt ein Lastwagen mit Wasser: genug zum Trinken, aber nicht zum Waschen. Hier und da zwischen den Zelten gibt es Latrinengruben. Sie sind ungefähr einen Meter lang und zwei Fuß tief. Sie sind nicht abgedeckt. Es gibt auch keinen Blickschutz. Wie meine Mutter in einem anderen Zusammenhang erklärt hat, trocknet die Sonne alles schnell aus, aber der Kot vermischt sich mit Staub und wird vom Wind verweht. So können Seuchen entstehen. »Aber die ultraviolette Strahlung tötet die Bakterien ab«, trösteten wir uns.

Sogar an diesem grauenvollen Ort wurden die Frauen von den Männern getrennt gehalten. Sie und die kleinen Mädchen saßen dichtgedrängt an den Eingängen der

Zelte und beobachteten die Männer und Jungen aller Altersgruppen, die hier zusammen mit den ganz kleinen Kindern ständig herumliefen. Wenn ein Mädchen etwa zehn Jahre alt ist, verliert es seine Freiheit und muß bei den Frauen bleiben: davor ist sie freier, als sie es je in ihrem Leben wieder sein wird. Als wir Frauen auf die Zelte der Frauen zugingen, waren wir umgeben von einer großen Menge von Frauen und Kindern, die um Medikamente bettelten, jede Art von Medikamenten. Je ärmer sie sind, desto unwissender, und sie erwarten Wunder von der westlichen Medizin. Und es gibt keinen Zweifel, daß sie wirklich medizinische Versorgung brauchen. Während der Flucht, der ewig gleichen Geschichte von der Zerstörung ihrer Dörfer, wurden Frauen und Kinder aller Altersgruppen krank: Durchfall, gebrochene Arme oder Beine, Rheumatismus, nervöse Störungen, Schlaflosigkeit. Auch gab es unbehandelte Wunden, die von den Bomben herrührten. Und keine Medikamente, gar keine. Sie bettelten und bettelten, und alles, was wir zu bieten hatten, waren ein paar Aspirin, die sie davontrugen wie kostbare Beute.

Es war schrecklich, sich unter diesen Menschen zu bewegen, ohne ihnen etwas geben zu können außer dem Versprechen, Berichte über ihre Situation zu publizieren.

Einige von ihnen brannten darauf, ihre Geschichte zu erzählen. Sie glaubten, wenn die Welt nur wüßte, was hier geschah, würde Hilfe kommen. Jede Geschichte begann: »Die Russen bombardierten unser Dorf, und wir kamen über die Berge hierher.« Eine Frau sagte, daß die Russen, wenn sie noch Menschen in den bombardierten Dörfern fänden, den Frauen die Bäuche aufschlitzten und die Kinder »zum Vergnügen« umbrächten. Eine sagte, die Russen fanden ein Mädchen, das am Rande eines Dorfes Brot buk, und sie warfen sie in ihren Ofen und ließen sie verbrennen. Und lachten dabei. Ob wir wüßten, daß die Russen Menschen übereinander stapelten, Benzin über sie gossen und sie verbrannten? Daß sie lebende Menschen in Gruben stießen, Erde auf sie warfen und dann mit Panzern über ihnen hin- und herfuhren, bis sich unter ihnen nichts mehr rührte? Die Greuelgeschichten finden kein Ende. »Wollen Sie noch mehr hören?« fragt der Kommandeur finster. Wir sagen nein, denken an unsere Leute im Westen, die schon soviel von Schrecken lesen, die in der Welt geschehen, und die ein wenig müde werden könnten, Mitleid zu entwickeln.

Einige der Afghanen sind über das Erzählen von Geschichten hinaus. In einem Zelt, durch dessen Risse der Himmel zu sehen ist, sitzt eine alte Frau in den Lumpen ihrer Flucht von zu Hause. Der rote Staub des Bodens ist von drei ausgebreiteten Säcken bedeckt. Ihre drei Söhne sind im Kampf gefallen. Sie sitzt da auf dem Boden, schaukelt, weint, schaukelt, im Wahnsinn ihrer Trauer.

Während dieses Besuchs legte mir der Kommandeur eine Kalaschnikow in die Arme und forderte mich auf, mich so fotografieren zu lassen. Zu der Zeit hatte ich mir das Handgelenk gebrochen, und es war bandagiert. Er konnte natürlich nicht verstehen, warum ich über dieses dramatische Bild nicht entzückt war. Es war mir peinlich, und das wiederum verletzte ihn. War dies nicht eine Kalaschnikow, und war ich nicht verwundet wie einer von ihnen? Ich glaube, man kann dies durchaus als einen Zusammenstoß zweier Kulturen bezeichnen.

An dieser Stelle auch wurde uns das grundlegende Dilemma des Kameramannes illustriert. Leon wollte Bilder dieses schrecklichen Leidens, um es der Welt vor Augen zu halten. Es gab da zwei kleine Jungen aus dem extremen Norden Afghanistans, Waisen: sie hatten alles auf dieser Welt verloren. Man hatte sie auf einer Straße nicht weit von Mazar-i-Sharif aufgefunden. Dem alten Turkmenen, der sie unter seine Obhut nahm, konnten sie nicht sagen, was geschehen war, sie wußten nichts. Ihr Vater und ihre Mutter, ihre Brüder und Schwestern waren alle bei ihnen gewesen, und dann flog ein russisches Flugzeug über sie hinweg. Das war alles, woran sie sich erinnern konnten. Der alte Turkmene wanderte mit ihnen quer durch ganz Afghanistan, vom Norden zum Süden, was viele Tage dauerte. Sie bettelten um Nahrung. Er kam über die Berge mit ihnen nach Pakistan herunter und brachte sie in dieses Lager, diesen Zufluchtsort, diese paar verstreuten Zelte in einer Wüste, wo es wenig Lebensmittel und Wasser gab. Er fand eine Familie, die bereit war, sie aufzunehmen. Sie standen noch immer unter Schock. Ihre Gesichter waren betäubt und leer. Leon wollte sie befragen, während er sie filmte, und ein Mudschahedin kniete bei ihnen nieder und versuchte, sie dazu zu bringen, ihre Geschichte zu wiederholen. Sie konnten es nicht und begannen zu weinen. Leon war bestürzt, alle, die es miterlebten, waren erschüttert, es war schrecklich.

Und die Flüchtlinge kommen und kommen. Tausende und Hunderttausende sterben auf der Flucht oder nach ihrer Ankunft hier. Die Pakistani registrieren keine Flüchtlinge mehr, sie sind dem nicht gewachsen, und wer kann ihnen das vorwerfen? Internationale Hilfsorganisationen helfen, aber sie helfen nicht genug. Vier Millionen sind eine Menge Menschen. Westliche Länder nehmen hier und da ein paar Tausend auf und sind stolz darauf. Die Pakistani haben Millionen aufgenommen und das seit sieben Jahren – und sie sind keine reiche Nation.

Ich habe die halbe bis eine Million (vielleicht auch, wie ich gerade gehört habe, zwei Millionen) Flüchtlinge im Iran nicht erwähnt. Wenn es den Flüchtlingen in Pakistan schlecht geht, so sind die im Iran noch viel schlimmer dran. Vor kurzem wurde dem Roten Kreuz eine begrenzte Erlaubnis gegeben, einige Lager zu inspizieren. Der Iran hat gerade einen Vertrag mit der Sowjetunion unterschrieben, und was wird nun mit den Flüchtlingen geschehen? Sogar schon vor dem Vertrag lieferte Khomeini Mudschahedin, die aus den Kämpfen zurückkamen, um ihre Familien zu besuchen, direkt den Russen in die Hände. Jemand, der davon hörte, fragte einen Afghanen: »Aber wie vereint er das damit, daß er ein Moslem ist?« Der Afghane antwortete grimmig, daß ihn nur die grundlegenden Tatsachen interessierten, sonst nichts.

███████████ Während der ganzen Zeit versuchten wir, Treffen mit gebildeten Frauen unter den afghanischen Flüchtlingen zustande zu bringen. In unseren Diskussionen vorher waren wir uns einig, daß wir von einer solchen Frau hören wollten, daß sie bei allen Nachteilen des Purdah, des Zwangs, sich in Pakistan verschleiern zu müssen, nichtsdestoweniger gegen die Invasion der Russen protestierte, die behaupteten, in Afghanistan die Frauen befreit zu haben. Aber bald brachte uns diese Fragestellung in Verlegenheit, und wir merkten, daß wir von der russischen Propaganda selbst unter diesen Voraussetzungen noch beeinflußt waren, ohne daß es uns bewußt war. Es stellte sich heraus, daß es unmöglich war, eine Flüchtlingsfrau zu finden, die das zu sagen nötig fand: es war selbstverständlich.

Eine Frau, nennen wir sie Amina, wurde uns als eine typische afghanische Frau beschrieben. Gebildet oder zumindest zu einem Teil gebildet, stand es ihr in Afghanistan frei, sich westlich zu kleiden und unverschleiert zu gehen. Sie ließ sich als Krankenschwester ausbilden, wobei ihre Familie, ihr Vater eingeschlossen, sie unterstützte. Sie heiratete einen hochqualifizierten Ingenieur, eine gute Wahl, denn ihr Ehemann wollte eine gebildete und emanzipierte Frau. Dann kam Die Katastrophe, und sie floh mit ihren kleinen Kindern vor den Russen über die Berge. Ein Baby kam in Pakistan zur Welt und starb bald nach der Geburt. Sie wohnt in einem der besseren Flüchtlingslager, hat zwei winzige Räume und eine Veranda. Plötzlich lebt sie inmitten von Frauen mit traditionellen Vorstellungen, mit denen sie in Afghanistan keinen Kontakt hatte. Die erkennen schnell, daß sie besser ausgebildet ist als sie selbst und daß sie eine Menge gefährlicher moderner Ansichten hat, die sie nicht verbergen kann. Der Neid der Schlechtergestellten, verschärft durch das harte Leben und durch die Mullahs, die durch die Lager streifen und streng das Gesetz vertreten, verfolgt diese Frau. Sie ist wieder im Purdah, und sie muß das Gesicht bedecken, wenn sie den Frauenraum, den hinteren, verläßt. Der geringste Verstoß gegen die Sitten des Purdah wird den Mullahs hinterbracht. Sie lebt in einem Lager einer Partei, ist von ihr abhängig, und ihre Kinder werden leiden, wenn sie sich nicht fügt. Sie ist praktisch in einem Gefängnis, und es gibt keinen Ausweg bis zum Ende des Krieges in Afghanistan.

»Wenn Sie es nicht schaffen, eine solche Frau zu interviewen – und es wird gewiß nicht einfach sein, sie zu filmen –, dann schreiben Sie zumindest ihre Geschichte. Sie stimmt mit der Geschichte einer großen Anzahl von Frauen überein«, sagt der afghanische Mann, der sie uns erzählt hat.

Die Versuche, gebildete afghanische Frauen zu interviewen und zu filmen, wurden fortgesetzt, aber auf irgendeine geheimnisvolle Weise schlugen sie immer fehl.

Eine Frau, die in einer Schule lehrte, sagte, es wäre »kein Problem«, wenn wir zu ihr kommen und sie filmen wollten. Aber der Ausdruck »kein Problem« signalisiert nach meiner Erfahrung geradezu, daß etwas schiefgehen wird. Um den tausend neugierigen Augen in den Gassen des Lagers zu entgehen, schlugen wir vor, daß sie zu uns ins Hotel kommen sollte. Niemand würde etwas davon erfahren. Sie kam eines Abends mit der Dämmerung, tiefverschleiert natürlich und begleitet von einem männlichen Mitglied ihrer Familie, wie es sich gehörte. Wir gingen in mein Zimmer. Dort fielen wie üblich die Umhüllungen, und heraus kam eine lebhafte, intelligente Frau. Wollte sie auf dem Zimmer essen oder lieber im Garten, nun, da es dunkel war? Nach all den Abenden im Gefängnis ihres stickigen Zimmers war der Garten eine Verlockung, und sie sagte ja. Sie konnte nicht widerstehen. Ihr Bruder stimmte zu, er glaubte, es sei in Ordnung, wer könnte sie dort schon sehen? Also saßen wir mit ihr auf dem dunklen Rasen und hörten uns ihre Klagen an. Sie trauerte um die verlorene Freiheit von Kabul vor Der Katastrophe. Und dann passierte etwas sehr Unglückliches. Ein Mann aus ihrer Gegend im Lager erschien plötzlich an unserem Tisch und wollte eingeladen werden, sich dazuzusetzen. Er wollte als Filmtechniker beschäftigt werden. Einen oder zwei Tage vorher schon war er uns überall begegnet, während wir im Lager herumgingen. Er hatte uns geradezu verfolgt. Wir hatten ihn nicht loswerden können, er war sehr unangenehm. Plötzlich erblickte er unseren Gast, die unverschleierte afghanische Frau, und sah sie scharf an. Sie zitterte. Da wir in Peshawar waren, der Stadt des Verfolgungswahns, glaubten wir alle sofort, er sei von unserem kleinen Polizisten beauftragt, dieses arme Mädchen zu überwachen, das sonst buchstäblich jeden Abend in ihrem Zimmer verbrachte. Konnte er wirklich nur zufällig hier auftauchen? Der Mann blieb, wollte

124

nicht gehen, das Mädchen saß da wie gelähmt. »Ist das schlimm für dich?« flüsterten wir. »Oh, kein Problem, kein Problem«, sagte sie. Aber als er schließlich ging, fragte sie nach der Toilette, und ich glaube, sie mußte sich übergeben.

Der liberale Mullah, der in dem Interview sagte: »Ist es der Islam oder sind es die Männer, die die Frauen unterdrücken?«, hätte diese kleine Szene sicher nicht gebilligt. Aber so etwas ging weit unterhalb seiner Ebene in der Hierarchie vor sich. Wahrscheinlich war der kleine Polizist aus seiner Sicht eine unwichtige Person. Ich bin sicher, daß der Mullah diese kleinliche Welt der Einschüchterung und der Verfolgung gar nicht kannte. Warum ich so sicher bin? Weil es so leicht ist, solche Prozesse in jedem Land der Erde zu beobachten. Die Herren sagen immer: »Was? Wollen Sie damit sagen, daß *meine* Polizisten Bestechungen annehmen, Unschuldige verprügeln, Beweise fälschen? Natürlich nicht!« »Behaupten Sie etwa, daß die Beamten *meiner* Abteilung korrupt sind? Was für ein Unsinn!«

Nun wurde ein neuer Plan entwickelt: dieses Mädchen und ihre Mutter und ihr Vater sollten an ihrem Sonntag – dort ein Freitag – zu uns kommen, und dann konnten sie alle vor laufender Kamera von ihren Erfahrungen berichten. Danach würden wir zusammen essen, im Hotelzimmer, wo es sicher wäre. Anschließend wollten wir mit ihnen in ein Museum gehen. Das würde für die Frauen eine große Abwechslung sein und sie an das Leben in einem vernünftigen Land erinnern, wie sie sagten. Aber an dem verabredeten Morgen erschien ein junger Mann, ein Botschafter der Familie. Leider, leider sei die Mutter krank geworden, und ihre Tochter müsse natürlich dort bleiben, um sie zu pflegen.

Einige Tage später erinnerte sich der Polizist an das Versprechen, uns gebildete Frauen interviewen und filmen zu lassen, und er kam mit zwei verschleierten Frauen ins Hotel. Sie waren Krankenschwestern in der Ausbildung. Er aber ging einfach nicht, was bedeutete, daß sie verschleiert blieben und nicht gefilmt werden konnten. Schließlich konnten wir ihn überreden zu gehen, und er verschwand in sehr schlechter Stimmung. Die Frauen warfen ihre Schleier ab, wurden zu sehr mitteilsamen, freundlichen, normalen Mädchen, die ganz begeistert waren, der Enge ihres Lebens einmal entkommen zu sein. Aber nach genau fünfzehn Minuten war er wieder da. Also mußten sie die Schleier wieder anlegen, und er brachte sie nach Hause.

Das Leitmotiv unseres Besuches – es könnte »Das Verschwinden der Damen« betitelt werden – setzte sich auch weiterhin durch. Zwangsläufig herumsitzend – und immer wieder herumsitzend – schmiedeten wir Pläne, wie wir die Kerkermeister dieser armen Frauen übertölpeln könnten. Aber immer neue Gründe tauchten auf: die Frauen mit Verwandten in Afghanistan hatten um ihretwillen Angst, sich zu zeigen. Es ist eine besonders beliebte Technik der Russen, Verwandte als Geiseln zu benutzen.

Nancy und ich beschlossen, nach Chitral im Himalaja hinaufzufliegen, etwa eine halbe Flugstunde. Es war ein kleines Flugzeug mit der üblichen zerschmelzend schönen Stewardess. Inzwischen hatte ich verstanden, warum die wenigen Frauen, die sich öffentlich zeigten, alle schön waren. Da sie alle Frauengesichter in die Häuser verbannt haben und man draußen nur noch Männer sieht, Massen von melancholischen Männern, gehen die Pakistani sicher, daß die Gesichter, die mit gutem Grund in der Öffentlichkeit gezeigt werden dürfen, schöne Gesichter sind. Ich denke, das könnte als gutes Beispiel für Heuchelei gelten.

Wir glitten durch Täler und über Bergketten hinweg. Unter uns lag das endlose Filigran der Terrassen über allen Hügeln. Es ähnelte grünen Fischschuppen oder übereinandergelegten Ziermünzen. Am Flughafen von Chitral erwartete uns ein Mann von dem Mountain View Inn mit einem Jeep: kein normales Auto ist den Straßen von Chitral gewachsen. Er sagte uns, daß wir uns sofort beim Polizeihauptquartier zu melden hätten – wie jeder andere auch. Chitral ist ein militärisch bedeutsames Gebiet, da hier die Russen nur wenige Kilometer entfernt hinter einer Bergkette in Afghanistan stehen und die Chinesen hinter einer anderen. Afghanistans schneebedeckte, gezackte Berggipfel erhoben sich, so schien es, am Ende dieser Straße.

Im Polizeirevier mußten wir lange warten. Eine große Holztafel faszinierte mich, denn sie trug die Liste aller Distriktoffiziere seit dem Ende des letzten Jahrhunderts. Bis 1947, der Befreiung des Subkontinents von den Briten, waren die Namen alle englisch, sehr englisch, die ›Turtons und Burtons‹ des Empire. Ich bemerkte, daß sie hier oben immer nur ein Jahr stationiert waren. Ich stellte mir einen jungen Mann vor, der in Chitrals bergige Abgeschiedenheit entsandt wurde, um das Empire zu vertreten. Leicht, sich ein Bild von ihm zu machen, denn ich habe viele davon gekannt: steif, schüchtern, stur überzeugt vom Wert des Empire, im ganzen ehrlich. Er war gewissenhaft und ohne eine Rupie Kenntnis der Menschen, die ihn hier umgaben. Interessant fand ich auch, daß Nancy diese große Tafel, die mir die Geschichte der jungen Männer unter feindlichen Stämmen erzählte, völlig gleichgültig war. Für mich war es eine Geschichte von Leuten, die meine Eltern und Großeltern gekannt haben konnten. Für sie war das britische Empire eine Vergangenheit, die mit ihr nichts zu tun hatte.

Schließlich forderte man uns auf, dem Polizeichef unsere Aufwartung zu machen. Er war ein schwerer, anständig aussehender Mann, natürlich in Uniform, der hinter einem papierbedeckten Schreibtisch saß. Wenn niedrigere Ränge mit Meldungen hereinkamen, grüßten sie mit zusammenschlagenden Hacken, standen dann aber sehr bequem da – offenbar wurde er von seinen Untergebenen nicht gefürchtet.

Es wurde ein langes Gespräch. Irgendwo im Westen wären zwei Frauen schwer bestimmbaren Alters mit Kameras so ›unsichtbar‹ wie eine Frau in einer Bhurka in einem islamischen Land. Wer würde ihnen auch nur einen Blick schenken? Aber hier waren wir eine Herausforderung, sogar etwas Anstößiges, für jedes Auge und für diesen Polizisten ein Rätsel. Da war Nancy, mit Kameras behangen, und ich sagte ihm einfach die Wahrheit: wir wollten einen Bekannten von Nancy besuchen, einen Arzt, der eine Klinik mit dem Namen »Freedom Medicine« für Afghanen leitet. »Die Behörden«, sagten wir, »müssen diesen Arzt ja kennen.« Aber nein, sagte der Mann, wen konnten wir da nur meinen? Auf diese absurde Weise ging es eine ganze Zeit weiter. Er wollte wissen, ob wir vielleicht Khafir Kalash besuchen wollten – es ist die große touristische Attraktion in dieser Gegend, ein mittelalterlich lebender Stamm. Die Bücher, die ich darüber gelesen habe, beschreiben einen Zustand, wie er im »Merrie England« des Mittelalters geherrscht haben muß. Viel Gesang und Tanz, sehr farbenprächtig, aber schmutzig, stinkend und im allgemeinen unappetitlich. Ja, ja, sagten wir, wir wollen den Khafir Kalash Stamm sehen, aber nicht bei diesem Besuch; vielleicht später einmal. Sofort schämten wir uns der Implikationen dieser Aussage, denn das hieß, daß wir zu der Minderheit der Weltbevölkerung gehörten, die sagen konnte: »Oh ja, laßt uns nach Pakistan fahren, es war das letzte Mal so schön . . . «

Die Plauderei ging weiter. Wir fragten, ob man hier im Winter Ski lief. Er sagte, Chitral sei schrecklich im Winter, und schien verzweifelt allein beim Gedanken an die Jahreszeit. Ich fragte ihn, ob er sich im Winter mehr gefreut hätte, uns zu sehen, und er lächelte tatsächlich. Dann wurden wir in ein weiteres Büro geführt, wo man uns Pässe für zwei Tage aushändigte.

Es gibt Orte, die so schön sind, daß sie die Sinne zu lähmen scheinen. Chitral ist ein solcher Ort. Es liegt im Tal zwischen gewaltig aufstrebenden, drohenden Bergen. Manchmal vermischen sich die weißen Gipfel mit weißen Wolken. Hübsche Bergbäche schießen überall zu Tal. Selbst im September erscheint die Sonne nicht vor acht Uhr morgens und geht um halb fünf am Nachmittag: wie muß es hier im Winter sein? Lange, lange Nachtstunden, Stunden dämmrigen Halbtagslichts mit kurzen traurigen Momenten, wenn die Sonne mit warmem Finger zu der kleinen Stadt durchdringt. Wir verstanden, warum dem Polizeichef vor dem Winter grauste.

Das Hotel, in dem wir wohnten, besaß sehr schöne Gärten, sie ähnelten mit ihren Pflanzen und Sträuchern einem Hotelgarten in Simbabwe. Dieses Hotel war indessen ganz anders gebaut als die Hotels in dem afrikanischen Land, die hauptsächlich dem Trinken dienten. Das Mountain View Inn wurde in den sechziger Jahren erbaut, ein elegantes, geräumiges zweistöckiges Gebäude mit breiten Veranden. Im Angebot allerdings war es sogar dem Dean's Hotel in Peshawar noch unterlegen, es gab nicht einmal Sodawasser.

Wir mußten einen Jeep mieten, und der Fahrer gehörte natürlich der Polizei an, ein freundlicher und hilfsbereiter Mensch, dem ein Nuristani zugeordnet war, der aussah wie der klassische Engländer. Er sagte mir in gebrochenem Englisch wieder und wieder, wie sehr er die Engländer schätze.

Wir brachen in dem Jeep auf, um zu sehen, ob der amerikanische Arzt da war. Die Klinik ist im Bau, und im Hof standen die uns nun schon vertrauten Zelte mit ihren Lehmwällen. Als wir uns einer Gruppe mit dem

Arzt näherten, rief er aus: »Ach, was höre ich, englische Laute!« Da dieser Ort der afghanischen Grenze so nahe ist, kommen fast jeden Tag Journalisten hierher. Man empfängt sie, man zeigt ihnen alles, und dann reisen sie wieder ab. »Und dann«, fragt der Arzt, »wo bleiben dann die Artikel? Wenn sie je geschrieben werden, werden sie nicht gedruckt.« Dann folgte das Gespräch, das wir mehrmals am Tag zu haben scheinen: warum findet man in der westlichen Presse eher die russischen Gesichtspunkte als die afghanischen?

Dieser Mann und seine Frau führen ein großes Zentrum, das afghanische Freiheitskämpfer zu medizinischen Helfern ausbildet, die mit den Mudschahedin in die Schlacht ziehen sollen. Dieses Zentrum liegt in der Nähe von Peshawar, aber die Klinik hier ist die Zweigstelle, die den wirklichen Kämpfen am nächsten liegt, erklärt der Arzt. »Auch kommen die meisten Flüchtlinge aus Afghanistan über diese Straße. Es ist die einzige Einrichtung, zu der Frauen und Kinder aus den Lagern in der Umgebung kommen können, um sich behandeln zu lassen. Sie würden heute normalerweise lange Schlangen von Menschen sehen, die auf die Ärztin warten, die zwei- oder dreimal die Woche von Peshawar hier herauffliegt, aber heute sind sie nicht gekommen, weil sie gehört haben, daß sie nicht da ist.« Zu einem männlichen Arzt gingen sie nicht, egal wie krank. Er sagte, wir könnten am folgenden Tag kommen und filmen. Natürlich könnten wir die Frauen filmen! (Kein Problem!) Also zurück zum Hotel. Das gemeinsame Abendessen wartete bei düsterer Beleuchtung auf uns.

Aus irgendeinem Grund arbeitet die Elektrizität an zwei Abenden in der Woche nicht, und dann wird bei Kerzenschein gegessen. Mit uns aßen ein schwedischer Fotoreporter, eine holländische Frau, die in einer Klinik für afghanische Frauen und Kinder in Peshawar arbeitete, und ihr Mann, der an einem Bau in Chitral tätig war. Sie hatten ihr kleines Kind bei sich. Als das Mahl vorüber war, blieb uns nichts anderes übrig, als zu Bett zu gehen. Normalerweise gehen weder Nancy noch ich vor ein oder zwei Uhr schlafen, aber hier legten wir uns gehorsam um zehn Uhr nieder. Auf der Veranda saßen eine Reihe von Pakistani, Männer natürlich, und plauderten mit dem Hotelbesitzer, einem dicken jungen Mann von – selbstredend – großem Charme. Ich bin sicher, daß dieses Hotel während des langen Winters das Zentrum der örtlichen (männlichen) Gesellschaft ist. Schlaflos lag ich da und hörte den nächtlichen Geräuschen von Chitral zu. Ein Wurf kleiner Hunde in der Nähe schien auch nicht einschlafen zu können und blaffte und jaulte die ganze Nacht hindurch. Ein Esel brüllte den Jammer der Welt in die Nacht. Die Männer gingen schließlich, noch immer liebenswürdig plaudernd, in ihre Zimmer entlang der Veranda. Wasser lief, Mücken summten an den Wänden. Bald krähte der Hahn. Dann der Ruf des Muezzin zum Gebet um zehn vor fünf. Chitral ist keine große Stadt. Es besitzt eine hübsche Moschee mit einem ansehnlichen Minarett. Man sollte annehmen, daß ein Ruf genügte. Aber ein paar Minuten lang riefen ein halbes Dutzend sonore Stimmen die Stadt auf, aus dem Bett zu stolpern und zu beten. Ich zog mich schwerfällig – mein gebrochenes Handgelenk! – im Dunkeln an und sah hinaus. Einige bärtige Männer mit Turban waren auf dem Rasen bereits dabei, ihre Gebete zu verrichten. Sie standen, warfen sich dann nieder; knieten und warfen sich wieder hin. Eine energische Angelegenheit, das islamische Gebet. Hatte sich der, der das erfunden hatte, gedacht: »Wenn die Gebete von bestimmten Übungen begleitet werden und diese Übungen so angelegt sind, daß sie den ganzen Körper kräftigen, dann bleiben sie alle gesund?« Fünfmal am Tag machen strenge Moslems (männliche) das, was bei uns Training genannt würde.

Als sie fertig waren, glühten die Bergkämme im Morgenlicht.

Das Badezimmer hat die originellste Brause, die ich je gesehen habe. Der Raum ist sehr groß. In ihm gibt es einen Wandschrank von viktorianischen Ausmaßen. Ist einmal eine viktorianische Garderobe aus dem Schiffbruch des Raj hier oben gestrandet? Es gibt ein großes Waschbecken mit Konsole, daran jede Menge Steckdosen für Elektrorasierer und so weiter; sehr modern. Die Dusche ragt aus einer Wand hervor und überflutet das ganze Zimmer. Warum auch nicht? Der Boden wird auf die Weise jedes Mal, wenn jemand duscht, gleich mitgewaschen.

Wir frühstückten morgens um sechs in einem Speisesaal, der mit Leichtigkeit zweihundert Gäste hätte aufnehmen können. Aber welcher Anlaß sollte ihn jemals füllen? Zwei lange Tische mit sehr schmutzigen Tischtüchern standen im rechten Winkel zueinander und füllten den größten Teil des Raums. Es gab aber noch einen kleinen, einzeln stehenden Tisch, und an ihm frühstückten wir in Gesellschaft eines trauernden Witwers, der uns erzählte, daß er nach dem Tod seiner Frau sein Leben damit zubringe, durch die Welt zu reisen. Er habe großes Glück gehabt, nach Pakistan zu kommen, sagte er, es sei voller Schönheiten. Ich habe selten einen verschlagener aussehenden Mann getroffen. An einer Schläfe hatte er eine große runde Narbe von einer alten Wunde. Ein Waffenhändler? Drogen? Einfach ein ordinärer, kleiner Spion? Vielleicht sogar einer von der altmodischen Sorte, den Interessen seines Landes ergeben? Ich glaube, er kam aus Holland oder Deutschland.

Chitral war ein Handelsposten an der alten Seidenstraße. Das Wort Seide verleiht dem Bild ein Stück Glanz und Luxus, aber die Straße war nie mehr als ein steiniger Pfad, der an den Berghängen entlangführte und dann steil zum Fluß hinunter abfiel. Die Tiere der Karawane müssen hier einzeln geführt worden sein. Im Bazar von Chitral fühlt man sich um Hunderte von Jahren zurückversetzt. Er besteht aus einer Art ungepflasterter steiler Straße, die von den üblichen Ständen gesäumt wird. Sie sind aus Lehm und Stroh, auf die Dächer ist Erde gehäuft. Sie verkaufen alles, so wie sie es immer getan haben, nur sind jetzt einige der Dinge aus Plastik. Der Bazar ist voller Mudschahedin, die umherschlendern, Lebensmittel für ihre Familien in den Lagern kaufen und Tee in den Teehäusern trinken. Wir sahen uns um und fuhren dann mit dem Jeep zur Klinik.

Aber die Ärztin aus Peshawar war nicht gekommen, also gab es auch keine Schlangen von Frauen, die man hätte filmen oder fotografieren können. Wir entschlossen uns, mit dem Jeep nach Garam Chasma, was ›Warme Quellen‹ bedeutet, hinaufzufahren. Man braucht etwa zwei Stunden, nicht weil es eine große Entfernung wäre, sondern weil die Straße so schlecht ist. Manchmal hielten wir an, um einen Mudschahedin ein Stück mitzunehmen. Der Ausblick war ehrfurchtgebietend schön. Die Straße scheint immer noch gerade irgendwie an den Steilhängen Platz zu finden. An manchen Stellen liegen Felsbrocken von Hausgröße im Flußbett.

Nach etwa einer halben Stunde Fahrt sahen wir an einem Hang eine Menge weißer Zelte. Es war ein Lager der Mudschahedin. Auf dem Hügel liefen Hunderte von Männern herum. Wir hielten an und stiegen aus, der Fahrer folgte uns. Aber es gab keinen Grund, sich Sorgen zu machen. In der Woche nach meiner Rückkehr sah ich einen Film über ein Lager der Mudschahedin, der sie ganz anders darstellte, als sie sich uns hier darboten. In dem Film erschienen sie wie verrückte, drogensüchtige Wilde. Hier aber trafen wir auf freundliche, höfliche Männer in einem gutgeführten Lager. Aus ihrer Sicht, kann es nicht einfach gewesen sein, plötzlich zwei unverschleierten, ungläubigen Frauen gegenüberzustehen. Auch müssen hier, da das Lager an der Hauptstraße liegt, Journalisten für ihren Geschmack eher zu oft vorbeikommen. Trotzdem benahmen sie sich makellos. In einem Zelt schliefen einige, in einem anderen saßen einige in der Runde und unterhielten sich. Einer schrieb einen Brief, andere lasen Bücher und Zeitungen, einer in englischer Sprache. Ein Mudschahedin saß zwischen zwei Zelten und kochte eine Mahlzeit aus Gemüse, das mit irgendeiner Sauce in Mehl gebraten wurde: es war alles andere als ein luxuriöses Essen. Als wir gingen, gab es hinter uns Gelächter und Witze – auf unsere Kosten. Sie ahmten unser »Tashakur, tashakur« (»Danke, danke«) in hohen weiblichen Stimmen nach. Das hätte rauh oder feindlich klingen können, aber es war eher gutmütig.

Wir fuhren weiter zum Paß hinauf. In Garam Chasma brachte uns der Fahrer in einen Apfelgarten und brachte uns grünen Tee aus einer kleinen Wirtschaft. Hinter dem Garten arbeiteten Männer oben auf einer hohen Mauer, sie waren guter Stimmung und lachten viel. Die Wand sah sehr zerbrechlich aus, aber alles Menschliche mußte zwischen diesen Bergen leicht und vergänglich wirken. In den Wiesen grasten Hunderte von Pferden. Während der Stunden, die wir dort verbrachten, wurden die Pferde Gruppe um Gruppe von Mudschahedin zum Fluß hinuntergebracht, wo sie tranken.

Als wir zum Lager der Mudschahedin zurückkehrten, bereiteten sie sich auf den Aufbruch vor. Sie gingen zum Kampf in die Berge, Richtung Panjshir. Sie würden einige Tage brauchen, um dorthin zu kommen. Sie marschieren fast ununterbrochen, pausieren nur für vier von vierundzwanzig Stunden. Dann essen sie Brot, trinken grünen Tee und schlafen ein wenig. Sie gehen mit einem Vorrat ihres Brotes, des dicken *nan* der Gegend, nach Afghanistan hinein. Wenn sie schließlich ihre Verstecke erreichen, sind ihre Füße geschwollen, und sie müssen ausruhen. Sie haben nichts anderes als Sandalen. Wenn der Schnee kommt, verlieren viele die Zehen.

Es ist später Nachmittag. Die Septembersonne beleuchtete die Wiese hoch über dem Dorf, wo die Männer, Hunderte von ihnen, dabei waren, ihre glänzenden Pferde zu beladen. Über den Schultern trugen sie ihre Decken und die unvermeidliche Kalaschnikow. Ich saß allein im Jeep gegenüber dem kleinen Teehaus an der Hauptstraße. Viele Mudschahedin kamen von einer letzten Mahlzeit vor dem Aufbruch an mir vorbei, zu zweit, zu dritt, in Gruppen, und sie blieben stehen. Eine weiße Frau in einem Jeep? Ich mußte eine Ärztin sein. Wieder und wieder baten sie um Medikamente. Sie gingen ohne Medikamente und ohne Arzt in den Kampf. Ich mußte nein sagen, tut mir leid, ich habe nichts. Sie fragten einfach und direkt, und sie nahmen die Antwort auf wie Menschen, die daran gewöhnt sind, enttäuscht zu werden. Diese »Straße« war in Wirklichkeit nur ein breiter, festgestampfter Pfad, Lehm zwischen Wänden aus Lehm und Stroh. Auch dies hätte vor Hunderten von Jahren stattfinden können, wären da nicht der Jeep und die Waffen gewesen.

Auch Esel kamen vorüber, in Gruppen aneinandergebunden, kleine Esel, die gewandt über die Rinnen und Steine hinwegliefen. Sie waren wohlgenährt, aber alle hatten Druckstellen von den schlechtsitzenden Gurten und Bändern. Am Ende des Winters würden die Esel anders aussehen, und viele der fetten Pferde würden tot sein. Es gibt nicht genug zu essen.

Die Männer und ihre Pferde zogen sich in langen Reihen zum Paß hinauf und verschwanden schließlich in den Bergen.

Wir fuhren nach Chitral zurück. Wenn Peshawar neben Chitral wie eine Metropole gewirkt hatte, so schien uns nun Chitral im Vergleich zu Garam Chasma wie die Zivilisation selbst. Aber unsere Gedanken waren bei den Männern, die sich die Berge hinauf in die Nacht hinein bewegten. Es würde da oben sehr dunkel sein, es gab keinen Mondschein. Es würde auch still sein, nur die Geräusche der Hufe auf Stein und vielleicht ein Nachtvogel. Wir hatten von nachlässigen Mudschahedin gelesen, die die Aufmerksamkeit des Feindes durch Lärm auf sich zogen, aber diese Männer schienen nüchtern, wachsam und verantwortungsvoll.

Wir fuhren im Jeep zur Klinik zurück, wo wir zum Abendessen eingeladen waren. Dort fanden wir alles im Zustand der Krise vor. Auf der Veranda des halbfertigen Gebäudes hockten die Mudschahedin, die zu medizinischen Helfern ausgebildet wurden, um Dr. Brenner herum. Ein administratives Chaos irgendwo bedrohte offenbar die Existenz des ganzen Unternehmens. Sie hofften, die Krise würde schnell vorübergehen. Es gibt in der Umgebung kein anderes Krankenhaus, weder für die Mudschahedin noch für die Tausende in den Flüchtlingslagern. Nun mußten sie das Gebäude zunächst verlassen, die Zelte abreißen. Einige von ihnen mußten sich auf lange Manöver mit der Bürokratie vorbereiten, Verhandlungen, die hier so vielen soviel Zeit nehmen und die den typischen Ausdruck geduldiger

Entschlossenheit auf den Gesichtern hinterlassen. So wie der Ausdruck auf den Gesichtern der Mudschahedin, als ich ihnen sagen mußte, daß ich keine Medikamente hatte.

Dr. Brenner sagte, es sei immer eine Frage geduldigen Aushaltens. Als er sein erstes Krankenhaus aufbaute, hatte er überhaupt kein Geld. Er bat um Unterstützung, nachdem er mit dem Bau begonnen hatte. Sie kam. Etwas kam immer, aber nie genug. Wenn alles hoffnungslos schien, kam Geld von irgendwoher. Er redete, wie ich religiöse Menschen sprechen gehört habe: »Gott wird es richten.« Bevor wir die Gruppe verließen, die vor dem unfertigen Operationsraum auf der Veranda saß – vielleicht zum letzten Mal, wenn die Entscheidung der Verwaltung gegen sie ausfiel –, fragten wir sie, ob sie je von dem weiblichen Führer einer Kampftruppe in Herat gehört hätten. Ein kleines höfliches Lächeln, das so etwas für unmöglich erklärte, war die Antwort.

Wir gingen wieder bald nach dem letzten Gebetsruf zu Bett. Die Männergruppe auf der Veranda unterhielt sich ruhig, schläfrig. Es schien wirklich, als schliefe ganz Chitral. Alle in dieser Stadt mußten um fünf Uhr morgens aufstehen, also war es für sie die richtige Schlafenszeit. Ich dachte an den Polizeichef und seine Klage über den öden Winter: war dies der unterhaltsame Herbst?

Vielleicht würde alles anders sein, wenn wir das nächste Mal nach Chitral kämen. Der unternehmungslustige Hotelbesitzer baut eine Teestube, denn in Chitral gibt es für westliche Besucher keine Teestube. Sie soll die Dächer und Gärten und den Fluß überblicken, so daß man

die Berge sehen kann, die so laut zu sagen scheinen:
»Auch dies wird vorübergehen.« Durch diese Täler zogen das Heer Alexanders des Großen und die Scharen der Mongolen. Jetzt stehen die Russen kurz hinter der Bergkette dort und warten auf ihre Zeit.

Der Hotelbesitzer sagt: »Vielleicht kommen die Amerikaner im nächsten Sommer wieder, und wir werden alle reich.« Er lacht. Mit den Europäern teilt er die nachsichtige Ungeduld mit den Amerikanern, die sich von ein paar Terroristen und Bomben fernhalten lassen. »Warum?« fragt er sich wie viele andere, »wenn doch in ihren Städten die Leute sich ständig umbringen?« Er zuckt die Achseln.

Der Fahrer des Jeeps, das heißt, der Polizist, der uns überwacht, hatte uns geraten, die Moschee im ersten Licht zu filmen, was hier, in dieser Rinne zwischen den Bergen nicht besonders früh ist. Als wir aufbrachen und auf der Straße nach dem Weg fragten, taten mehrere Graubärte im Turban, als verstünden sie uns nicht. Obwohl die Moschee zu sehen war, konnte man sich im Gewirr der Gassen leicht verlaufen. Also kehrten wir ins Hotel zurück, wo man uns den Weg beschrieb und uns sagte, wir sollten uns nicht um die Mullahs kümmern. Wir begegneten Scharen von Kindern in Uniform, die zur Schule gingen: die moderne Welt. Die Moschee ist hübsch, leicht und graziös gebaut, luftig, die Kuppeln in verschiedenen Farbtönen gehalten. Sie schien im ersten Sonnenlicht zu schweben. Aus der Entfernung wirkt sie wie eine Vision dessen, was eine Moschee sein sollte. Aber sie ist schlecht gebaut und schon fleckig und rissig.

140

Zwei verrückte Mullahs behielten Nancy scharf im Auge, als sie ihre Moschee fotografierte.

Dann tauchten wir wieder in den Strom der Kinder ein. Hinter uns kam ein Regiment Soldaten heran. Sie marschierten auf ein altes heruntergekommenes Gebäude zu, das früher wahrscheinlich der Palast des örtlichen Herrschers gewesen ist. Wunderbare Kacheln umrahmten das Eingangstor; wir hätten den Palast gerne näher angesehen, zögerten aber, weil er offenbar dem Militär gehörte. Als wir vor dem Tor überlegten, fiel Nancy ein Stück ihrer Ausrüstung herunter, und der Wachhabende nahm es mit dem Bajonett auf und reichte es ihr mit einer Verneigung. Dann lud er uns lächelnd ein hereinzukommen. Wir traten in einen großen leeren Innenhof, der von zusammenbrechenden Seitenflügeln umrahmt war. Die Soldaten verschwanden in diesen halbzerstörten Gemäuern. Wozu? dachten wir. Was konnten die Soldaten in diesen Ruinen suchen? Es war ein melancholischer Ort, dieser alter Palast, der bald nur noch ein Hügel aus Schutt sein würde.

Wir hatten den zweiten Flug an diesem Morgen gebucht. Das hört sich einfach an, aber es war nur mit großer Anstrengung und langen Aufenthalten in Schlangen zu erreichen.

Das Büro der Fluglinie in Chitral ist ein dürftiger kleiner Raum. Die Tickets werden durch ein Fenster über der Veranda verkauft, und vor der Veranda fließt ein kleiner Bach, den man mit einiger Gewandtheit überspringen muß. Viele frustrierte Menschen drängen sich vor dem Fenster, wann immer das Büro geöffnet ist. Als man uns Frauen in der Menge der Männer sah, wurden wir sofort hereingerufen, wo wir nicht gesehen werden konnten. Sie gaben uns Tickets für ein überfülltes Flugzeug. Die Flüge sind immer überbucht. Aus Chitral herauszufliegen, ist nicht einfach, die Navigation erfordert einige trickreiche Manöver zwischen den Bergen, und bei Aussicht auf die geringste Wetterstörung wird der Flug sofort abgesagt. Dadurch gibt es einen ständigen Stau von Passagieren, die sich meist vor diesem Fenster aufzuhalten scheinen. Wir wollten unbedingt aus Chitral heraus. Was, wenn schlechtes Wetter uns hier festhielt? Wenn es schlimm kam, mußten wir den Winter hier verbringen! Die einzige andere Art zurückzukommen, ist die Fahrt über die Straße – zehn Stunden, sehr malerisch, aber so anstrengend, daß Leute, die es hinter sich gebracht haben, sagen: »Ja, es ist sicher etwas, das man erlebt haben sollte, aber nur einmal!« Aber im Winter ist auch dieser Weg versperrt. Die Vorräte für den ganzen Winter müssen im Herbst hier heraufgebracht werden. Die Straße wird beim ersten Schneefall geschlossen, und Flüge gibt es dann nur noch selten.

Als wir wie Ziegen über den kleinen Bach sprangen, fragte uns ein Mudschahedin: »Wieso kommt ihr in das Büro und wir nicht?« »Ah«, sagte Nancy mit einfacher Würde, »wir sind Frauen, verstehst du?«

Am Flughafen verabschiedeten wir uns von unserem Fahrer und seinem Nuristani-Assistenten mit echter Traurigkeit. »Sie sind ein wunderbarer Fahrer«, sagte ich aufrichtig und dachte an die furchtbaren Straßen, über die er den Jeep Stunde um Stunde behutsam hinwegbracht hatte. In diesem Augenblick begann der Jeep rückwärts zu rollen – er hatte vergessen, die Handbremse anzuziehen. Leute sprangen lachend aus dem Weg, der Jeep wurde festgehalten, und wir gingen in das Flughafengebäude. Ein Mann in der üblichen Kleidung der Pakistani – es sieht immer ein wenig nach Schlafanzug aus – fragte uns nach unseren Pässen. Nancy verwandelte sich in eine echte Tochter der Amerikanischen Revolution und sagte hochmütig, sie habe nicht die Angewohnheit, einfach jedem ihren Paß zu zeigen. Um sie zu unterstützen, sagte ich, daß er uns seine Erkennungsmarke zeigen solle. Der arme Kerl war völlig verblüfft. Er war natürlich vom Polizeirevier und hatte den Auftrag, sich zu vergewissern, daß wir wirklich abfuhren. Er fummelte in seiner Tasche herum und förderte ein Dokument zutage, das besagte, daß er ein Sicherheitsbeamter sei. Es war in ein Stück altes Papier gewickelt. Daraufhin zeigten wir ihm unsere Pässe. Wir waren traurig, Chitral zu verlassen.

Weil es das Ende der Welt ist, ein kleiner Gebirgsflughafen, berühren sich die Extreme; kein Buffet, aber ein Mann bringt einem Tee auf einem Tablett, wo immer man sitzt. Vor dem Flug untersuchte man uns sehr gründlich: Nancy mußte jedes Stück ihrer Fotoausrüstung vorzeigen, und ich mußte sogar die Gipsmanschette an meinem Arm abnehmen, denn sie konnte ja Drogen oder vielleicht sogar eine Bombe verbergen. Es sind (natürlich) Mädchen von blendender Schönheit, die diese Aufgaben verrichten. Sie lachten, sie waren verlegen, aber entschlossen, als sie mich genau abtasteten. Es gab einen kleinen Raum für Frauen und Kinder. Er war sehr voll. In Purdah sehen die Frauen aus Fenstern und öffnen die Türen schnell einen Spalt, um zu sehen oder zu hören, was auf der anderen Seite geschieht; es ist ein Ort, wo man die großen Ereignisse belauscht und beobachtet, die außerhalb des Gefängnisses, in dem man lebt, vor sich gehen.

Das Flugzeug war übervoll. Sicherheitsbeamte führten einen jungen Mann, groß, lange Haare, Amerikaner, beste sechziger Jahre, von Bord, weil er sich bis zur Albernheit vollgekokst hatte, und dann brachten sie ihn wieder zurück in das Flugzeug. Ein Mann mit einem Gewehr saß vorne beim Piloten. Wir fragten uns, ob es wieder irgendwo einen Zwischenfall auf einem Flughafen oder in der Luft gegeben hatte, von dem wir nichts gehört hatten: in Chitral hatten wir keine Zeitungen bekommen.

Wir sanken in den Staubnebel von Peshawar hinunter. Im Dean's Hotel drehten sich die Ventilatoren in der dicken Luft. Meine Zeit hier ging zu Ende. Kurz bevor ich fuhr, traf ich – nicht die gebildete Frau, die ich zu finden gehofft hatte –, sondern einen Professor. Er war ein Mann, der auf das Eloquenteste für seine weiblichen Landsleute eintrat. Sein Name war Majruh, er hatte als Professor der Literatur in Kabul gelehrt und arbeitet heute an der Universität von Peshawar. Er sagte: »Ich habe gehört, daß Sie viele Mudschahedin gesprochen haben. Großartige Leute, ja, ich weiß. Aber ich will Ihnen sagen, ich wäre tausendmal lieber ein Mudschahedin als eine ihrer Frauen. Ein Mudschahedin muß viele

Strapazen erdulden, manchmal muß er Monate mit sehr wenig Nahrung auskommen, er besitzt keine warme Kleidung, wenn er verwundet wird, stirbt er fast mit Sicherheit, denn medizinische Versorgung gibt es praktisch nicht, viele von ihnen fallen im Kampf. Aber all das ist besser, als als Frau in einem dieser schrecklichen Lager zu leben. Wir sind ein Bergvolk und ein Wüstenvolk, wir sind an die Weite gewöhnt, niemand lebt beengt in Afghanistan, weder in den Städten noch auf dem Lande. Die Frauen führten bei uns vor Der Katastrophe ein gutes Leben, nur wenige gingen verschleiert, die Macht der Mullahs war nichts verglichen mit ihrer Macht jetzt. Es ist eine Tragödie dieses Krieges, daß die Mullahs soviel Einfluß gewonnen haben. Die Afghanen sind von Natur kein fanatisches Volk, obwohl Sie das denken mögen, wenn Sie sie über den Dschihad reden hören. Es ist dieser Krieg, der intensiviert hat, was vorher nur ein Aspekt ihres Charakters war.«

»Die Frauen haben alle aufgehört zu singen«, fuhr der Professor fort, und ich werde das nie vergessen. »Einst, vor Der Katastrophe hörte man in den Dörfern unablässig das Singen der Frauen. Nun sind sie mit ihren Kindern wie Tiere in den Lagern zusammengesperrt, ohne daß ein Ende des Krieges in Sicht wäre. Ihre Männer kämpfen, sie kommen sie zwischen den Schlachten besuchen, manchmal dauert es Monate, bis sie wiederkommen. Die Frauen sind deprimiert, wie ich es auch manchmal von euren Frauen lese. Sie sind gezwungen, in Purdah zu leben und den Schleier zu tragen, sie können die Lager nicht verlassen, die Mullahs und die pakistanischen Lagerbehörden bewachen sie wie Polizisten. Nein, ich kritisiere die Pakistani nicht, ohne sie wären wir alle tot, es gäbe keine Afghanen mehr.«

Dann sprach er von der Ermordung der afghanischen Intellektuellen durch die Russen. »Eine ganze Generation von Dichtern, Dramatikern, Schriftstellern, Intellektuellen ist in den Gefängnissen verschwunden, und man hat nie mehr etwas von ihnen gehört. Es gab durchaus eine literarische Entwicklung in Afghanistan, etwas ganz Neues und Vielversprechendes. All diese Leute sind ausgelöscht worden. Warum hat die Welt nicht dagegen protestiert? Ist so etwas in unserer Zeit überhaupt schon einmal geschehen, daß eine ganze Generation von Intellektuellen eines Landes umgebracht wurde ohne ein Wort des Protestes von irgend jemandem? Die Liste ihrer Namen würde die Wand dort füllen, alle gefoltert, ermordet, und nicht das leiseste Wort des Protestes.«

Schließlich fanden wir eine Frau, die wir ohne Behinderung durch irgendeinen selbsternannten Wächter interviewen und filmen konnten. Was vorher so schwierig gewesen war, wurde einfach – wie es oft geschieht, wenn man lange mit allen möglichen Hindernissen gekämpft hat. Es ist sehr schwer, sich vorzustellen, daß irgend jemand Tajwar Kakar dazu bringen könnte, etwas zu tun, was sie nicht will. Sie ist eine kleine, aber energische Frau, entschieden, voller Selbstvertrauen. Sie lebt mit ihren sieben Kindern in den üblichen ärmlichen Umständen. Sie ist Lehrerin, und mit dem Geld, das sie dafür bekommt, gelingt es ihr gerade, ihre fünf Mädchen und zwei Jungen durchzubringen. Sie arbeitet hart.

146

Sie kam in Kunduz im Norden Afghanistans zur Welt und schloß sich unmittelbar nach dem kommunistischen Staatsstreich des Jahres 1978 dem Widerstand an. Mit der Hilfe männlicher Widerstandsführer baute sie eine Ausbildungsstätte auf, in der Jungen im Gebrauch von Waffen geschult wurden. Sie initiierte eine Reihe von Demonstrationen gegen das kommunistische Regime, und als die Russen 1980 einmarschierten, wurde ihr die Aufgabe übertragen, den Familien in der Hauptstadt Geld, Lebensmittel und Kleidung zu besorgen, deren Männer tot oder im Gefängnis waren. Sie ging nach Kabul und nahm dort eine Stelle als Lehrerin an, arbeitete ständig aktiv im Untergrund.

Mitglieder der Kommunistischen Partei drohten ihr die Verhaftung an. Sie sagte ihnen: »Ihr seid Heuchler, eure Worte sind schön, aber eure Handlungen sind häßlich.« Sie wurde festgenommen und gefoltert. Sie verriet nichts. Sie wurde in Einzelhaft versetzt, weil sie »ein schlechtes Beispiel für die anderen gefangenen Frauen« war. Sie konnten nichts aus ihr herausbekommen. Sie wurde entlassen und ging nach Kunduz zurück. Dort arbeitete sie weiter für den Widerstand, bis ein Mann, der aus Kabul alles über sie wußte, als Offizier der KHAD nach Kunduz versetzt wurde. Mit Hilfe der Mudschahedin floh sie mit ihrer Familie nach Pakistan. Wir fragten natürlich: »Die Russen sagen, sie haben die Frauen Afghanistans befreit. Was sagen Sie dazu?« Sie lachte und antwortete, daß vor Der Katastrophe keine Frau in Afghanistan im Gefängnis war, jetzt aber seien die Gefängnisse von Afghanistan voller Frauen.

Beiläufig kam heraus, daß es Frauen in der Widerstandsbewegung gibt. »In Herat gibt es eine Widerstandskämpferin, deren Vater ein Freiheitskämpfer war und fiel. Dann ersetzte ihn sein Sohn, ihr Bruder, als Kommandeur und fiel. Sie nahm den Platz ihres Bruders ein und baute eine unabhängige Gruppe von Kämpferinnen auf. Die Mudschahedin gaben ihnen Waffen, und sie führen eigene Operationen durch.«

Und die Frau mit Namen Marjam, die dreitausend Mann befehligte? Aber diese Frage schien uns nun unzulässig, frivol, eine Art westlichen Sensationalismus'. War es nicht gleichgültig, wer kämpfte? Ihnen war es sicherlich egal. Für sie zählt nur der Kampf selbst.

Auf dem Weg nach Hause flog ich über Islamabad. Diesmal konnte ich nicht aus dem Fenster sehen, wie auf dem Hinflug, als ich die Landschaft gesehen hatte, die wie ein Schlachtfeld zwischen Mensch und Natur wirkt.

In Islamabad übernachtete ich im Hotel. Das Thema der Schlaflosigkeit setzte sich fort: ich stand ab ein Uhr am Fenster, lauschte und beobachtete. Es war heiß und stickig, es roch nach Benzin, Staub, Gewürzen, Abwässern. Die Geräusche, so anders als in London, versetzten meine Ohren in einen Zustand der Wachsamkeit. Auch in Islamabad gehen die Menschen früh schlafen; aber in einem Stockwerk über mir war Licht, und von daher kam Gesang. Ein Mann sang, traurig, langsam, ganz Sehnsucht und Entbehrung. Unter mir saß zwischen den geparkten Autos der Nachtwächter mit ein paar Freunden. Diese Männer, bärtig, ernst, den Turban auf dem

Kopf, tranken Tee, wanderten auf und ab, ihr leises Murmeln war ständig zu hören, nur unterbrochen von einem gelegentlichen frühen Auto oder Bus, die früh losfuhren, um der Hitze und dem Verkehr zuvorzukommen. Das Licht in dem Fenster über mir ging nicht aus, und der Gesang ging weiter und weiter. Dann kam der Ruf zum Gebet, melancholisch und sehnsüchtig wie das Lied des Mannes. Es war ein trauriges Duett.

Mit jedem Tag, den ich fern von Pakistan verbringe, bewundere ich es mehr. In Peshawar sind die Menschen zynisch, was die Motive Pakistans angeht, sie sagen, daß Hilfsgüter und Waffen für die Flüchtlinge gestohlen werden, daß die Behörden korrupt sind, daß die bloße Existenz der Flüchtlingslager der Wirtschaft Pakistans nützt. Das mag alles wahr sein, aber als ich nach Europa zurückkam, las ich, daß wir die Arbeiter aus aller Welt, die wir einst gerufen haben, einfach zurückschicken, weil es uns so paßt. Nicht nur in Europa: auch Arabien schickt seine fremden Arbeiter in ihre Heimatländer zurück. Einige von ihnen trafen wir in Peshawar. Wieviel Aufhebens machen wir von den wenigen Flüchtlingen, die wir aufnehmen, wir, die reichen Länder Europas. Aber General Zia ist unerschütterlich geblieben: er wird die Flüchtlinge nicht den Russen ausliefern.

Benazir Bhutto andererseits hat gesagt, daß sie sie heimschicken wird, sollte sie an die Macht kommen.

November 1986

149

████████████ Einige »Stingers« – Boden-Luft-Raketen – sind den Mudschahedin jetzt geliefert worden.
Nicht so viele, wie behauptet wurde; nicht genug, um
ihnen den Sieg zu ermöglichen, aber die Tatsache, daß
sie überhaupt welche haben, bedeutet sicher eine Menge
für ihre Moral.

Dezember 1986

████████████ Während dieses Buch in den Druck
geht, entnehme ich den Nachrichten, daß die Russen
unter bestimmten Bedingungen zu einem sechsmonati-
gen Waffenstillstand bereit sind. Sie wissen natürlich,
daß diese Bedingungen von den Mudschahedin nicht
akzeptiert werden können. Aber ohne deren Zustim-
mung gibt es kein Ende der Kämpfe.
Was wollen die Russen erreichen? Welche Wirkung ist
schon jetzt zu sehen?

1. Als die Russen verkündeten, daß sie einen kleinen
   Teil ihrer Truppen im Herbst abziehen würden, sag-
   ten die Leute hier: »Ah gut, das ist richtig, dieser
   Krieg wird bald vorbei sein.« Mit einem erleichterten
   Blick und der unausgesprochenen Ergänzung, daß sie
   sich nun nicht mehr darum kümmern, nicht mehr
   daran denken müssen. Dieser Aspekt des neuen An-
   gebots wiederholt die russische Propaganda, die von
   Beginn des Krieges an darauf zielte, westliches
   Engagement, westliche Sorge zu zerstreuen.

2. Pakistan ist noch zerrissener in dieser Frage als in der der afghanischen Flüchtlinge. Pakistan – wenn nicht Zias Regierung, dann eine andere – könnte noch immer beschließen, die Flüchtlinge zurückzuschicken. Ob sie nun zurückgeschickt werden oder nicht, ein nicht sehr stabiles Land wird noch weiter destabilisiert.

3. Einige der Mudschahedin könnten versucht sein, dem nachzugeben, obwohl ich nicht glaube, daß es viele sein werden. Aber die Wirkung wird eine Schwächung und Zersplitterung des Widerstands sein. Auf der anderen Seite mag die Verwirrung über das russische Angebot den Widerstand auch intensivieren oder die Bewegung neu ordnen.

██████████████ Natürlich wollen die Russen den Krieg beenden. Aber sie wollen ein Ende zu ihren Bedingungen. Ich glaube, dieses Angebot des Waffenstillstands könnte explosive Folgen haben – weit über das hinaus, was die Russen sich vorstellen. Wenn Pakistan zum Beispiel dem Chaos verfällt, könnten sie versucht sein, dort einzumarschieren – mit welchen Konsequenzen? Oder aber das Gegenteil könnte eintreten: in von den Russen nicht vorhergesehener Weise könnte es zu einer entschiedeneren internationalen Intervention kommen als bisher. Würden die Mudschahedin wirklich nach Hause geschickt, könnte nur die strengste internationale Aufsicht den Massenmord verhindern. Je mehr internationales Engagement aber, desto wahrscheinlicher eine Regierung in Kabul, die die Russen nicht wünschen.

Es ist möglich, daß dieses Angebot in die Kategorie fällt, die der Militär auf Seite 47 beschreibt: aufgrund ihrer mangelnden Flexibilität versuchen sie keine neue Taktik, wenn etwas schiefgeht, sondern verstärken die Methoden, die sie bereits anwenden, und zerstören auf diese Art und Weise, was sie erhalten wollen.

Wenn auf der anderen Seite die Forderungen der Mudschahedin zu dem Zeitpunkt anerkannt werden, an dem dieses Buch erscheint, dann hat der russische Leopard tatsächlich die Farbe seiner Flecken gewechselt.

████████████████ Unterdessen brauchen die Afghanen, sowohl in Afghanistan als auch außerhalb, dringend Hilfe.

Ich habe gerade gehört, daß die Klinik, die von der »Freedom Medicine« in Chitral aufgebaut wird, die Erlaubnis bekommen hat weiterzuarbeiten. Geld kann gesandt werden an:

Freedom Medicine
941 River Street
Suite 2ol
Honolulu, Hawaii 96817
U.S.A.

Ebenso an:

Ärzteverein für afghanische Flüchtlinge e.V.
Südertor 15/16
3330 Helmstedt
Volksbank Helmstedt
Konto 101 017 400

oder:

Freundeskreis Afghanistan e. V.
c/o BAZ, Dritte Welt e. V.
Oranienstr. 159
1000 Berlin 61
Postscheckamt Berlin
Konto 447 754-104

Januar 1987

Interviews mit Frau Tajwar Kakar

Afghan Information Centre
Monthly Bulletin
No 57, Dezember 1985

Tajwar Sultan, eine Widerstandskämpferin

Frau Tajwar Kakar, im Widerstand als Tajwar Sultan bekannt, ist 37 und Mutter von 7 Kindern (5 Mädchen und 2 Jungen). Heute lebt sie mit ihrer Familie als Flüchtling in Peshawar (Pakistan).

Nach ihrem Abschluß am *Teachers' Training College* arbeitete sie als Lehrerin und Schulleiterin in Kunduz im nördlichen Afghanistan. Sehr bald nach dem Staatsstreich der Kommunisten im April 1978 beteiligte sie sich aktiv an der Widerstandsbewegung. Zusammen mit den männlichen Kommandeuren des Widerstandes der Provinz gründete sie in dem kleinen Ort Choqor Qishlaq eine Schule, die Jungen im Gebrauch von Waffen und Sprengstoff ausbildete. Sie wurde zu einem Treffen von Kommandeuren der Jamiat (Prof. Rabani) zugelassen, auf dem einige so bekannte Persönlichkeiten wie Oazi Islamuddin, Nek Mohammed Khan, Maulawi Abdul Samad anwesend waren. Ihre Vorschläge auf diesem Treffen waren:

1. Kein Freiheitskämpfer, vor allem nicht die Kommandeure, sollte vor Ende des Krieges heiraten.
2. Widerstandskämpfern, die 10 oder 20 Tage nach ihrer Verhaftung durch die kommunistischen Behörden freigelassen werden, sollte nicht getraut werden.
3. Um feindliche Infiltration in den Reihen des Widerstandes zu vermeiden, sollte eine besondere Organisation gegründet werden, die den Hintergrund eines jeden Kämpfers überprüft.

Anläßlich des ersten Jahrestages des kommunistischen Regimes im April 1979 beschloß Tajwar zusammen mit ihren Kollegen, die offizielle Parade zu stören. Die Lehrer wurden angewiesen, ihre Schüler zum Paradeplatz zu bringen. Tajwar und ihre Freundinnen gaben einigen Kindern Luftballons und Spielzeug-Sprengkörper. Als die Parade begann, platzten hier und da die Luftballons, explodierten hier und da die kleinen Sprengkörper. Einige Frauen in der Menge riefen: »Die Mudschahedin kommen.« Menschen begannen davonzulaufen. Einige Soldaten, die die Parade bewachten, schossen in die Luft, um die Ordnung wiederherzustellen. Panik brach aus. Die Parteimitglieder brachten sich in Sicherheit. Auf der Tribüne für die Offiziellen herrschte Verwirrung. Viele Menschen wurden in dem Durcheinander verletzt. Sogar die Frau des Provinzgouverneurs mußte im Krankenhaus behandelt werden. Die Feierlichkeiten wurden abgesagt.

Auch der 1. Mai sollte auf Befehl des Regimes in Kabul gefeiert werden. Die Frauen beschlossen wiederum, diese Feiern zu stören. Einen Tag vor Beginn sagten sie einigen ihrer Schüler, sie sollten Wespen fangen und sie in kleinen Schachteln bereithalten. Am 1. Mai sollte es eine Parade geben, bewaffnete Parteiaktivisten begannen, sich in Marschordnung aufzubauen, sie riefen Parolen, trugen Banner und Fahnen und große Porträts der Führer des Regimes. Die Menge der Zuschauer, angetrieben von Mitarbeitern des Widerstandes, schob sich näher und näher an die Marschkolonne heran. Die Kinder liefen zwischen den Marschierenden herum und öffneten ihre Schachteln. Die Wespen begannen wie wild um sich zu stechen. Die Parade geriet durcheinander, die Marschierenden liefen auf der Flucht vor den Wespen im Kreis herum, warfen Kleidung und Ausrüstung ab. Auch in der Menge wurden viele Menschen gestochen, die Kinder hatten zu viele Wespen herangeschafft. Es gab ein großes Geschrei, Chaos brach aus. Die Feierlichkeiten mußten abgebrochen werden. Tajwar sagte: »Hunderte von Porträts, Hemden usw. lagen an dem Tag auf dem Boden. Und in der Verwirrung gelang es uns, fünfundzwanzig leichte Maschinenwaffen und Pistolen zu stehlen. Die Maschinenpistolen schickten wir den Mudschahedin auf dem Land, und die Pistolen wurden den Frauen übergeben, die in der militärischen

Abteilung der städtischen Widerstandsbewegung arbeiten.«

Als eine Frau vom Lande verkleidet, tief verschleiert, ging sie unter dem Vorwand, eine persönliche Petition abgeben zu wollen, mehrfach von einem Verwaltungsbüro zum anderen, um Verbindungen für den Widerstand herzustellen und Informationen auszutauschen. Sie hielt in ihrem Haus ein Treffen von Widerstandskämpfern ab. Achtzehn Männer waren anwesend. Man wählte sie zum Haupt der weiblichen Widerstandsgruppen. Die Mudschahedin von Panjshir unterstützten die Ernennung.

Ein Komitee zur Unterstützung von Familien, deren Männer als Widerstandskämpfer in Gefängnissen saßen, wurde gegründet. Geld, Lebensmittel und Kleidung wurden gesammelt, und man übertrug ihr die Aufgabe, nach Kabul zu gehen und die Hilfe an die bedürftigen Familien zu verteilen. Auf die Weise kam sie nach Kabul. Es war der Anfang des Jahres 1980, und die Russen waren einmarschiert. Sie fand eine Stelle als Lehrerin an der Ghafoor-Nadim-Schule. Dort gab es 7 000 Schüler (Jungen und Mädchen), dreihundert Lehrer, von denen zweihundert Frauen waren. Nur der Direktor und etwa zwanzig Lehrerinnen waren Mitglieder der Khalqi-Partei. Der Rest war gegen das Regime, und viele arbeiteten aktiv im Widerstand. Alle aber waren bereit, an Demonstrationen, an der Verteilung von Flugblättern und anderen riskanten Dingen teilzunehmen.

In Kabul wandte sie sich vor allem organisatorischer Arbeit für den Widerstand zu. Sie bereitete den Volksaufstand des März 1980 gegen die Russen mit vor. Die Frauen in der Bewegung organisierten sich in drei Abteilungen:

1. Enttarnung von Kollaborateuren.
2. Verfolgung von Verdächtigen, Aufdeckung ihrer Verbindungen.
3. Operationen.

Die aktivste Frau in der operativen Abteilung war ein Mädchen mit Namen Fndia; sie war hübsch und sah sehr unschuldig aus, aber sie war sehr geschickt in der Entführung und Liquidation russischer Soldaten; sie nahm an fünfzehn erfolgreichen Operationen teil.

Tajwar selbst stellte Anti-Regime-Flugblätter und Plakate her und verteilte sie. Sie entwickelte ein System zur Einschüchterung von Leuten, die zur Zusammenarbeit mit dem Regime bereit schienen. Eine Person wurde dreimal gewarnt, nach der dritten Warnung wurde der Fall der operativen Einheit übergeben.

In der Regel bekamen die Frauen ihre Informationen von ihren Verbindungsleuten in der Verwaltung. Sie gaben sie dann an die städtischen Widerstandsgruppen weiter und, wenn nötig, an die Kommandeure im Land. Die Mehrheit der Fälle von Russen oder feindlichen Agenten, die verschwanden oder getötet wurden, gingen auf die Initiative der Frauen zurück. Sie waren auch für die meisten Bombenattentate verantwortlich.

Aber sie erlitten auch schwere Verluste. Hunderte von Frauen und Mädchen wurden festgenommen, gefoltert und hingerichtet. Tajwar saß ein Jahr im Gefängnis (1983) und wurde schrecklich gefoltert.

Sie bestätigte die Information über die Widerstandsbewegung der Frauen in den Provinzstädten. Neben den Frauen von Kunduz im Norden, die sie selbst organisiert hat, gibt es starke weibliche Widerstandsbewegungen in Herat und Kandahar im Westen. In Herat ist die Kommandeurin Razia als Widerstandskämpferin sehr bekannt. Ihr Vater war ein Freiheitskämpfer und fiel. Darauf ersetzte ihr Bruder ihn als Kommandeur und fiel ebenfalls. Razia übernahm die Rolle ihres Bruders und baute 1983 eine unabhängige Gruppe von weiblichen Widerstandskämpfern auf. Sie bekamen Waffen und führen sogar Operationen außerhalb der Städte aus.

In Kandahar haben sich die Stadtfrauen seit 1981 zunehmend dem Widerstand zugewandt. Die alten Frauen übernehmen die Aufgabe, sich um die Kinder zu kümmern und die Hausarbeit zu machen. Die Jüngeren sind dadurch frei, für die Mudschahedin zu arbeiten. Sie transportieren Waffen und Munition unter ihren Gewändern, und sie überbringen Informationen. Die hübscheren führen Russen oder Agenten des Kabuler Regimes in Fallen, wo die Mudschahedin auf sie warten.

Afghan Information Centre
Monthly Bulletin
No 58, Januar 1986

Leben in den Gefängnissen von Kabul
(Interview mit Tajwar Sultan – Teil II)

Frau Tajwar Kakar, im Widerstand als Tajwar Sultan
bekannt, hat ihre Erfahrungen in der Untergrundbewe-
gung beschrieben und auch über ihr Leben im Gefängnis
gesprochen. Hier ist der zweite Teil des Interviews mit
ihr.
Zum ersten Mal wurde sie am 26. Dezember 1982 verhaftet. Sie sagte:
»Einige Mitglieder aus meiner Untergrundzelle wurden
verhaftet, und mein Name fiel. Ich wurde von den
KHAD-Agenten streng beobachtet und beschattet.«
Neben anderen Aktivitäten organisierte Frau Kakar
eine Demonstration für den 27. Dezember (Jahrestag
der sowjetischen Invasion). Am 26. Dezember fuhren

um elf Uhr mittags zwei Jeeps, vollbesetzt mit bewaffneten Männern, vor ihrer Tür vor. Zwei Frauen betraten ihr Haus und befahlen ihr, mit ihnen zu kommen. Sie gaben weder Gründe noch Ziel an. Vorher hatte sie bereits ihrer Tochter Fauzia, 16, und ihrem Sohn Temor Anweisungen gegeben, daß sie im Falle ihrer Verhaftung alle Dokumente, die im Haus versteckt waren, an einen sicheren Ort bringen sollten. Außerdem sollten sie ihre Freunde benachrichtigen, nicht ins Haus zu kommen. So hatte sie Glück, daß bereits alle Dokumente entfernt waren, als man ihr Haus durchsuchte. Zuerst führte man sie ins KHAD-Hauptquartier in Shishdarak. Sie wurde in Zimmer Nr. 11 im oberen Stock des Gebäudes gebracht. Der Raum war ohne Möbel, kalt und feucht. Sie nahmen ihr Mantel und Pullover weg. Um elf Uhr abends führte man sie in einen großen Raum im Kellergeschoß. Drei verschiedene Gruppen saßen in verschiedenen Ecken des Raumes. Unter ihnen war auch ein russischer Berater. Man befahl Frau Kakar, sich auf einen Metallstuhl zu setzen, der Vorrichtungen zum Festbinden von Füßen und Händen hatte. Zuerst wurden ihr Hände und Füße angebunden, und dann begann das Verhör. Verschieden formulierte Fragen wurden ihr von verschiedenen Leuten gestellt. Sie begannen mit Fragen nach ihrer Identität, ihrer Wohnung in Kunduz und ihren näheren Verwandten. Dann stellten sie einen Kasten voller Geld vor sie auf den Tisch. Ihr wurde gesagt, daß ihre Kinder, wenn sie mit ihnen zusammenarbeitete, zur Ausbildung ins Ausland geschickt würden, sie das Geld bekäme und entlassen würde. Der russische Berater, der Pashtu sprach, sagte, es genüge, wenn sie nur einen Namen nenne, das reiche aus.

Frau Kakar sagte:

»Ich verlor die Beherrschung und antwortete ihm, er sei ein Fremder und habe kein Recht, mich zu fragen, was ich in meinem eigenen Land tue. Die Männer wurden wütend und griffen mich an. Eine schwere Faust schlug mir auf den Mund, und ich wurde mit Stiefeln getreten. Einige rissen meinen Kopf an den Haaren hin und her. Mir lief Blut aus Mund, Nase und Ohren. Einer von ihnen zog die Pistole, richtete sie auf meinen Kopf und sagte: ›Ich zähle bis fünfzig; wenn du bis dahin nicht antwortest, erschieß ich dich.‹ Er begann zu zählen, während die anderen mir weiter Fragen stellten. Ich wurde gefragt: ›Wer sind eure Anführer?‹ Ich nannte die berühmten: Taraki und Amin. Einer kam daraufhin mit Elektrostöcken auf mich zu, jeder Schlag war zugleich ein elektrischer Schock und schrecklich schmerzhaft. Ich wurde für einige Zeit ohnmächtig. Als ich wieder zu mir kam, fragten sie mich, was ich für den 27. Dezember vorhabe. Da sie keine Beweise hatten, sagte ich gar nichts. Die ganze Nacht verging unter Verhören und Schlägen. Am nächsten Morgen gruben sie ein Loch in den Schnee und stellten mich bis zum Hals begraben hinein. Zuerst war es sehr kalt, aber nach einiger Zeit war ich wie betäubt und spürte nichts mehr. Am Abend wurde ich in einen Raum zurückgebracht und bekam ein Stück Brot. Bevor ich festgenommen worden war, hatte man mir gesagt, daß man im Zustand des Hungers weniger unter der Folter leidet, und deshalb aß ich sehr wenig. Die Verhöre dauerten insgesamt sieben Tage. Während dieser Zeit ließen sie mich kaum schlafen, meine Zelle wurde durch einen sehr starken Scheinwerfer erhellt. In der vierten Nacht des Verhörs brachten sie einen besonderen Apparat herein, an dem spitze Nadeln an Drähten hingen. Sie stießen die Nadeln unter meine Fingernägel und drückten auf einen Knopf. Ich bekam starke elektrische Schläge, und die Nägel begannen, aufzubrechen. (Die zerbrochenen Fingernägel sind an Frau Kakars Hand noch immer sichtbar). Als sie auch nach dem siebenten Tag kein Geständnis von mir bekamen, drohten sie mir, daß sie meinen Mann und meine Kinder vor meinen Augen foltern würden.«

███████████████ Von dort wurde sie nach Sedarat überführt (das Gebäude des Premierministers) und in einem Raum eingesperrt. Eines Abends brachte man ihr schmerzstillende Tabletten. Sie war aber mißtrauisch und versteckte sie. Zwei Frauen, von denen eine behauptete, Mitglied des Hezbe-Islami, und die andere, des Jamiat zu sein, wurden mit ihr eingeschlossen. Sie traute ihnen nicht und glaubte nicht, was sie sagten. Einer der beiden, die sich über Kopfschmerzen beklagte, gab sie eine Tablette. Sie nahm sie, und nach einer Weile wurde sie entspannt, heiter und eröffnete ihr, daß sie in Wirklichkeit Agentin des KHAD sei. Sie zeigte ihr sogar ein kleines Tonbandgerät, das sie unter ihrem Hemd trug. Nach einem weiteren Monat wurde sie in eine gewöhnliche Zelle verlegt. Keines der Verhöre endete mit einem Geständnis, und es gab auch keine Beweise gegen sie. In Sedarat sah Tajwar zwei ältere Frauen: eine war eine Siebzigjährige aus Panjshir, die festgenommen worden war, als sie Munition in einem Korb mit Trauben transportierte, die andere war eine Sechzigjährige aus Baghlan. Auch eine ganze Familie saß in diesem Gefängnis. Die Männer waren in einer getrennten Abteilung, die Frauen und Kinder bei Tajwar und anderen Frauen. Diese Familie hatte in der DDR gelebt und versucht, in die BRD zu fliehen. Sie waren an der Grenze gefaßt und nach Kabul zurückgeschickt worden. Später wurden die kleineren Kinder nach Watan geschickt (einem Kindergarten, der zugleich ein russisches Ausbildungslager ist). In dem Gefängnis war auch eine ältere Frau, von der man verlangte, sie solle ein Tonband besprechen und ihre beiden jungen Söhne zur Rückkehr aus dem Exil in der BRD auffordern. Die beiden Jungen standen auf einer Suchliste und wären nach ihrer Ankunft liquidiert worden. Die Mutter wußte das und weigerte sich.

Frau Kakar sagte weiterhin, daß nach einem Monat körperlicher Folter die psychologische Folter einsetzte. Einmal zeigten sie ihr einen Brief ihres Mannes, in dem er angeblich schrieb, daß er sich scheiden lassen wolle, weil sie durch ihre Verhaftung ihren guten Ruf verloren habe. Ein anderes Mal sagten sie ihr, ihre Tochter Fauzia wäre von einem Wagen überfahren und getötet worden.

Sie sagte:

»Eines Tages führten sie mich in einen großen Raum. Sie deuteten auf einen Vorhang und sagten, meine

Tochter Fauzia, sechzehn Jahre alt, sei dahinter. Sie gaben mir Papier, um mein Geständnis zu schreiben. Dann hörte ich die Geräusche von Schlägen, gemischt mit Aufschreien und Rufen. Mein Körper spannte sich an, ich dachte, ich würde ohnmächtig. Ich hatte das Gefühl, in eine dunkle Höhle zu sinken, in der man aus weiter Ferne Geräusche hörte. Ich war kalt, erschüttert, verwirrt. Diese Art von Folter dauerte eine Woche. Ich suchte unter den Gefangenen nach Fauzia. Nach einem Monat sah ich ein Mädchen. Ich stürzte auf sie zu, aber als sie sich umwandte, war es nicht Fauzia. Ihre Fingernägel waren schwarz und gebrochen. Sie hatte einen Nervenzusammenbruch hinter sich.«

██████████████ Nach einem Jahr Haft wurde Frau Kakar, da sie ihr kein Geständnis abpressen konnten und keine Beweise hatten, freigelassen. Sie kehrte am 3. Mai 1982 nach Hause zurück. Man gab ihr eine Stelle als Grundschullehrerin in der Qala-e-Shada-Schule. Sie ging nach Kunduz zurück. Dort suchte sie sofort Kontakt zu einigen Kommandeuren der Jamiat-o-Islami (Prof. Rabani). Sie war weiterhin aktiv im Widerstand tätig, bis im April 1984 Farouq Miakhel, der alles über sie wußte, als Offizier des KHAD in Kunduz eingesetzt wurde. Mit der Hilfe ihrer Widerstandsfreunde floh sie aus der Gegend. Sie ging noch einmal nach Kabul und von da aus nach Ghazni. Mudschahedin halfen ihr, die Grenze zu überschreiten und sich den Afghanen im Exil anzuschließen.